JN270626

新版
富田の
英文読解
100の原則
上

富田一彦

大和書房

新版へのはじめに

　本書が出版されてからすでに15年が経過し、この原稿を執筆中に
3時間ごとに乳を求めて泣いていた息子は今や高校一年生も終わろう
かというところで、乳を求めて泣いたなんて別の星の話じゃないの、
と言わんばかりの涼しい顔で今日も私の前を素通りしていく。

　15年と一口に言うが、それは短いようでいてかなり長い期間だと
いえる。15年前の息子と今の息子の共通点と言えば名前だけ。とて
も同じ人間とは思えないほど大きく変わってしまった。実際、人間の
細胞は（脳細胞を除いて）8年程度ですべて入れ替わるのだそうで、
それを考えただけでも15年前の彼と今の彼はまさに別人である。

　一方、英語に関してはともかく、私が息子に15年かけて教え込む
ことに成功した日本語はたった二言だけ。「金くれ」と「腹減った」
である。親としてこれほど情けない話もない。そう考えると15年は
長いようでいて、実は何も変える力を持たないほどに短い期間という
こともできよう。

　本書が出版されてから15年、私は細々と予備校講師を続けてきた。
その間、英語教育については理念のよく分からない方針転換が何度か
なされてきたが、偉い人たちがいくら議論を尽くそうが方針を転換し
ようが、英語が英語であることに変わりはない。現代英語の基礎が確
立されたと考えられるエリザベス朝以来、英語の根幹部分はかれこれ
400年というもの、ほとんど変わっていないのだ。たかだか15年
では、ほんの末節の部分に多少の変化はあるものの、何も変わるはず
もない道理である。だから、と言うとかなり我田引水に聞こえるが、
書いてから15年経った今になって再び本書を読み返してみても、そ
の基本部分には特に修正や変更を必要とする部分は見当たらない、と

いうのが著者の正直な感想である。もちろん私自身、時とともに変化
しているから、今だったら違う表現をするだろうな、と思う部分もな
くはないが、それはあくまで表現の問題であって、内容の核心部分は
当時も今も不変である、ということは確信をもって言える。

　手前味噌、という誹りを恐れずに言うならば、基本部分が常に一定
で「ぶれない」のが私の一つの信条である。英文を読むときも、文ご
とにやり方を変えるというような無節操なことはせず、どの文に対し
ても全く同じアプローチをかける。だから、常に一定のパフォーマン
スが得られる。得られた結果の正しさに一定以上の信頼が置けるから
こそ、それに基づいて臨機応変に考えていくことが可能になるのだ。
　だから、個人的には本書の内容を変える必要性は現在でも全く感じ
ていない。だが、それでもやはり時代は変わる。15 年前には、ほと
んど原稿を打ったままのっぺりと印刷しただけでも本として通用した
出版の世界は、この 15 年で大きく様変わりし、実に多彩なレイアウ
トが容易にかつ安価に可能になった。そして人間というのはわがまま
なもので、技術がない頃には素のままでも受け入れられたものでも、
ひとたびいろいろな技が使えるようになると、そうでないものをその
まま受け入れるのは難しくなるのだ。
　そんな事情もあり、最近になって本書のレイアウトにもっと工夫が
できないかと思い始めていたところに、出版元から新版の話が舞い込
んできたので、これ幸いとばかりに装いを変えたのが今回の改訂の趣
旨である。内容的にはほんの何箇所かに手を加えただけであるが、見
やすさという点では格段に改善されたと思う。今後も本書の照らし出
す英語のあり方を参考に、より自立した英語学習をより多くの人が獲
得していくことを願ってやまない。

　2009 年 2 月

著者

はじめに

　英語は暗記科目だ，語彙や表現をできるだけ覚え，後はひたすら反復して慣れと勘を養うのだとよく言われる。さらに，個々の文はよく分からなくても全体が「なんとなく分かればよい」などとも言う。それによって問題の解答はやはり「なんとなく」分かるものであり，それが分からない学生は「勘が悪い」「頭が悪い」ということになる。このような考え方は，今では英語学習の「正しい方法論」として広く信仰されているほどである。

　冗談ではない。我々はダービーの勝ち馬を予想しているわけではないのだ。「なんとなく」「勘で」などという曖昧なものに諸君は自分の人生を託せるのか。そんな当てにならないもののために自分の人生の貴重な時間を賭けるなど私はまっぴらである。だいたい，わけも分からず何かをひたすら覚え込むなどという不毛な作業に向くように我々人間は創られていないのだ。そういうことができると思いこむのはつまらぬ根性主義に過ぎない。戦争中にゼロ戦のエンジンの出力が期待通りにならないことに腹を立てたある陸軍の軍人が技術者に向かって「エンジンの出力が上がらないのはおまえらの根性が足らないからだ」と言ったという有名な逸話があるが，こと教育に関する限り，我々の発想はこの軍人の愚かさから離脱できていない。いくら反復してもできるようにならない学生には「努力が足りない」，反復することに耐えられない学生には「やる気がない」という罵声が浴びせられるのは実はそのような誤った根性主義の故である。

　私はそのような非科学的な根性主義が大嫌いである。**英語は「なんとなく」「勘で」分かるものなどではない。誰にでも完全に，正しく理解できるものである。**もちろん，そのためにはただ覚えるという安易で怠惰な勉強方法をやめ，英文の成り立ちを科学的，原理的に追究して自分

で理解，納得していくという作業が不可欠であり，そこでの手抜きは許されない。はじめに断っておくが，別に私は諸君に「楽して合格する方法」を教えようなどとは全然思っていない。私はただ，**いくらやっても報われるかどうか分からない「暗記主義」から諸君を解放し，諸君のかけた労力に見合うだけの成果を期待できる方法を伝授したい**と望んでいるだけである。諸君の中にはいくらやってもできるようにならない反動から，何もしなくても答えだけ分かる魔術的な方法にすがろうとする人がいるが，「選択肢の答えはウが多い」だの「要約は最初の文と最後の文を訳してつなげればよい」だのという「方法論」は所詮すべてインチキであって，私はそういう詐欺師の仲間入りをするつもりはない。

　私がこの本で語るのは，諸君の間で流行っている分類によれば「精読」である。一つ一つの文に徹底的にこだわってその文法的な成り立ちを解剖し，そこから絶対に迷いのない正しい意味を導くこと，その作業を通じて諸君がこれから入試で出会うであろう英文を自力で読み解けるようにすること，これが本書の目標である。であるから，諸君は私の説明にしたがって，手抜きをせず，一つ一つの事項を自分で納得がいくまで考え抜いてもらいたい。自分の頭を使って理解に努める限り，この作業は退屈ではありえない。むしろ諸君にとって大いに刺激的であるはずだ。

行間は白紙

　もちろん諸君にそれだけのことを求める以上，私は説明が曖昧にならないように努める義務がある。よく，英文の解説中に「前後関係から」「文脈によって」などという語句を見かけるが，こういう説明にならない説明はいっさいするつもりはない。「前後関係」「文脈」などという説明はまやかしである。そういう説明を読んで分かった気になっていた人はそのような姿勢を反省してほしい。だいたい，学生という人種は「ありがたそうだが実は無意味な言葉」に弱い。「行間を読め」などと言われると諸君は水戸黄門の印籠を見せられた悪代官よろしく平伏してしまうのだが，そういう人には「目を覚ませ」と言いたい。水戸黄門がただのお

いぼれであるのと同じく，行間は白紙である。確かに，実人生において
は，例えば女の子が「いや，ダメよ」という真意はどこにあるのかを理解
するとき，我々は幾重にも行間を読まねばならないだろうが，大学入試
などという基礎的なことがらにそのような高等戦術は全く不必要である。

　むしろ諸君に求められるのは，**目に見える語句の配列に対して，常に
「なぜ」を考えること**である。英語は論理的な言語だから，語句の配列
には必ずなんらかの理由がある。その理由を文法的に解明していけば意
味は自ずから明らかになるのだ。つまり，私の説明の中心は文法的なも
のとなる。多くの諸君は文法を嫌うが，それは文法を「役に立たない知
識」だと思いこんでいるせいである。いくら覚えても使えないから諸君
は文法を毛嫌いしているに過ぎない。本書の説明を通じて文法は読解に
不可欠な「使える」知識だと分かってもらいたい。

読み方は一つ

　もう一つ，諸君の誤解を指摘しておきたい。それは「精読」「速読」
という分類である。受験雑誌などによれば「一つ一つの文を正しく理解
していく」のが精読で，「速く読んで全体の内容を理解する」のが速読
なのだそうだが，私に言わせればこのような分類は無意味である。だい
たい，一つ一つの語彙・文意が分からないのに全体の内容だけ分かって
しまうなどという不思議なことはあるはずがない。**文それぞれの意味を
正確に読解し，それを積み上げて全体を理解する以外に正しい読解の方
法などありようがない**のである。未知の単語の意味を推理する方法は確
かにあるが，それはあくまでも文法的な根拠を正しく積み上げて導くも
のであって，前後を読んでいくとなんとなく分かるものではないのだ。
個々の部分が分からないのに全体の意味が分かってしまうなどという甘
い幻想は，早く忘れるに越したことはない。

　おそらく，諸君が「速読」にあこがれる一つの原因は，試験時間が足
りないという強迫観念に基づくものだろう。一つ一つの文を律儀に読ん
でいったのでは，とても試験時間内に解答することはできない，という

思い込みである。このような間違った思い込みは，英語の基本をしっかり勉強した経験のない学生に，多く見られるものである。実際の入試問題は，正確に読んだ者だけが正しい解答を迷わずに得られるように作られている。正確に読んでいない者，文法的な理解があやふやな学生は，いくつか並んでいる選択肢の二つ以上が正しいものに見えて迷ってしまうのである。実は諸君の試験時間が足りなくなる最大の元凶は，この「迷っている時間」である。これは，問題に解答する場合だけではない。文意をとる場合でも，曖昧な理解しかしていない学生はあれこれと迷い，その結果貴重な時間をどんどん無駄にしているのだ。

　結論的に言えば，正確に読む訓練，いわゆる精読を積み上げていけば，自然に読む速度，解答する速度は上がっていくものであって，理解が曖昧なまま安易に速読に走ったりすれば，またぞろ「いくらやってもできるようにならない」という無間地獄に陥ることになる。であるから，英語の読解を勉強する者は，たとえ入試の前日であろうと「精読」に努めるべきなのである。

　とはいえ，「精読」を始めたばかりの未熟な学生が，どうしても読解に時間がかかるのは仕方のないことである。不慣れなうちは一つ一つの判断にどうしても時間がかかり，その結果，一つの文章を読むのに２時間かかったりする場合もある。それが諸君の不安を駆り立てることは承知だが，それでもあえて「２時間かかるものは２時間かけなさい」と私は言いたい。

　英語の読解は自動車の運転によく似ている。一度も運転をしたことのない者に，いきなり高速道路を走れと言ったらまず大事故間違いなしである。だから，教習所で初めて車を走らせるときは，まるでカタツムリのごときスピードで練習することになる。はたから教習所の車を眺めていると，何であんなばかばかしいことをするのだろう，あれなら歩いた方がましだ，と憎まれ口の一つも言いたくなる。けれども，そのようにゆっくりとした速度で正確な操作を練習することが，高速道路で安全に車を走らせる第一歩なのである。実は，免許をとって高速道路を走る時

も，最初にカタツムリのように走らせたのと全く操作は同じである。別に速度が速いからといってやることが変わるわけではない。ただ，それでも事故を起こさずに走ることができるのはゆっくりとした状況で正しい操作を繰り返してきた練習の成果なのである。英語の読解でも同じこと，正しい読解法を知らない者が「速読」などしたら大事故間違いなしである。だが，ゆっくりと時間をかけて正確な読解法を身につけていけば，自然と読む速度も上がり，いつのまにか高速で読解できるようになるのだ。要は，基本を身につけるのに時間を惜しんではいけないのである。

言葉と正面から向き合おう

　ここまで読んでもらえば，私がこれから英語について語る基本的な態度は理解できたことと思う。私は本書の中で，いかに英文と逃げずにつき合うか，そのために文法をどう利用したらいいかを語っていくつもりである。そのためには諸君にも私の提示する知的作業につき合ってもらいたい。諸君もまた私とともに，逃げず諦めず考え続けてほしい。諸君の現在の学力は問わない。ただ，真剣に英語を理解したいという意欲は大いに持っていてもらわなくてはならない。いや，むしろそういう意欲のない人は，本書を最後まで読み通すことすらできないだろう。もしそんな面倒くさいことはいやだと思うなら，この場でこの本を棚に戻し立ち去るがよい。私は自分の書いたものが，意欲のあるなしにかかわらず誰でも合格できる魔法の書であるなどとは思われたくない。そのかわり，意欲のある者は読めば必ず報われる，ということはここで保証しておこう。自分の書くものにその程度の自信さえ持てないなら，この受験参考書の氾濫している世の中にあえて駄作を一つ増やそうとは思わない。諸君はただ，分からないものを必ず解明しようという意欲と，新しいやり方をあえて受け入れる謙虚さをもってこの本とつき合うこと。そうすればこの本を読み終えた時，諸君の英語力は格段に上がっているはずだ。

1994 年 6 月

本書の使い方

　本書は「英文読解法の研究」を目的としているので，実際に入試に出題された英文を素材に，その意味を正しくとる方法を研究していく。意味をとる以上当然訳出していくことになるが，かといって単なる訳し方の研究ではない。訳は結果的に出て来るものであり，本書の目的はそこにいたるプロセスを研究することにあるからである。

　各文章には，検討すべき部分には下線を引き，それに関する小問がいくつかつけられている。

❶諸君はその小問に対し，文法的に説明のつく解答を与えるよう心がけてほしい。

❷小問にすべて解答すれば自動的に正しい訳が組み立てられるようになっているから，それに基づいて訳を組み立ててみよう。

❸そこまで自力でやったら，文章の後にある解説を読む。解説では，主として小問に解答するために必要な考え方と，それを組み合わせることで意味を理解するプロセスが示される。これを読めば，ある英文に出会ってからその意味を理解するまでに，諸君の頭の中で考えるべきプロセスが明らかになるはずだ。

❹また，解説の後ろには下線部を含む全訳を載せてあるので解説を読む前後に参照してほしい。

❺その上で，理解できた文法事項を覚え（ただし，理解さえできれば覚えることはさほど多くはない），次の文章に進んでほしい。

本書で素材となる文章をあえて文法分野別に分類して載せるようなことはしなかった。考えてみれば，ある英文を読むのに接続詞の知識は必要だが関係詞はいらないとか，不定詞は使うが仮定法は関係ないなどということはほとんどない。諸君は実際に目にした英文が要求する文法事項を自在に引き出して文章を解読すべきだから，あえて「この文章のポイントは○○だ」というような予断を与えることは避けることにしたのである。

一方，基本的な文法事項の考え方は，〈読解の原則〉として本文中にまとめてある。これは，英語の文法を読解に生かせる形で整理し，説明を加えたものである。これを読めば，英語の文法が文章の中でどのような仕組みで働いているか，といういわば英文法の全体像が分かるようになっている。ただし，この〈読解の原則〉はそれぞれの文章を読むのに必要なものから順に語っているため，文法項目別に並んではいない。そこで，それぞれの項目別に知識整理ができるように，巻末に項目別に並べた一覧を再録した。

では，そろそろ始めよう。ここから始まる解説が，諸君の英語観を大きく変え，それが実力と自信となって現れてくることを切に祈る。

富田の［英文読解100の原則］上──目次

新版へのはじめに ……………… 3
はじめに ……………………… 5
本書の使い方 ………………… 10

英 文 読 解・序 … 13

英 文 読 解 1 ………… 23
英文読解1・解説 …………………… 27

英 文 読 解 2 ………… 53
英文読解2・解説 …………………… 56

英 文 読 解 3 ………… 69
英文読解3・解説 …………………… 73

英 文 読 解 4 ……… 91
英文読解4・解説 …………………… 96

英 文 読 解 5 ……… 133
英文読解5・解説 …………………… 138

英 文 読 解 6 ……… 165
英文読解6・解説 …………………… 170

読解の原則・索引 ………………… 194

読解の原則・項目索引 ……………… 207

英文を読むとはどういうことか

英語はこんなにも日本語と違う

　英語は言葉のおかれた位置によって言葉の働きが決まる。これは西洋諸語に共通の言語パターンなのだが（そのような言語を「構造語」という），日本語のように言葉のおかれる位置はほとんど無秩序でも，言葉の末尾についている助辞によって言葉の役割が決まるいわゆる膠着語とは，考え方の根本からして大きく違っていると言わざるを得ない。私たちは，生まれつき日本語的な発想の中にどっぷりと浸っているわけだから，言葉の位置によって役割と意味が異なるという英語の考え方になかなかついていけない。それが，受験英語であれ実用英語であれ，英語を学習する日本人が直面する最初の障害なのである。このことは，英語の学習を始めるに当たって，我々日本人がまずはっきりと認識しておかなくてはならないことだろう。英語と日本語は，その言葉の成り立ちの出発点からして，全く違った思想の上に成り立つ体系なのだ。

　だから，英語の成り立ちを考える場合には，いわゆる日本人にとってなじみのある考え方を大げさに言えばすべて捨てて，全く新しいものを受け入れる覚悟がなくてはならない。単に慣れと反復によって英語を習得できると考えるのは，真っ先に捨てなくてはならない幻想である。

動詞の文型と意味の関係

　例えば，動詞一つとってみても英語と日本語では全くその使われ方が異なっている。日本語の「手にいれる」は，どういう文脈で使われるにせよその文字通りの意味であり，意味の本質が大きく変化することは有り得な

い。だが，英語の get の意味は，その前後におかれる語句の品詞によって
大きく異なる。

（1）We got to the station after ten minutes' walk.
　　10分歩いたら駅に着いた。

（2）They got tired after ten minutes' walk.
　　10分歩いたらくたびれた。

（3）He got an ice at the supermarket.
　　彼はそのスーパーでアイスクリームを手にいれた。

（4）He got me an ice.
　　彼は私にアイスクリームを買ってくれた。

（5）He got everything ready for me.
　　彼は私のために何もかも用意してくれた。

　上の各英文の get の意味だけを取り出せば，「到着する」「なる」「手に
いれる」「買ってくる」「させる（する）」になるわけで，これほど様々な
意味を同じ文字による語が持っているということは私たち日本人にとって
はかなりの驚きである。これらの意味の核心にはどこか共通の語感がある
と考えるのは，英語学者にとっては興味のあるテーマだろうが，いわゆる
一般人が実用的に英語を読む上では，やはりこれらの違った意味を知って
それを正しく使い分けるしか方法がないことになる。
　こういう時，私たち日本人はその意味の使い分けをつい「文脈」に頼ろ
うとするが，このような発想自体きわめて日本語的と言わざるを得ない。
そしてこのような発想が，実は私たちが英語を理解しにくいと思う大きな
原因の一つなのである。

英語は，日本語に比べると「正確さ」を非常に重んじる言語である。相手に誤解を与える可能性のある曖昧な言葉遣いは，極力避けるのが英語の特徴なのだ。これは，侵略と妥協にさらされ続けた民族の精いっぱいの自衛策であったのだが，過去に侵略された歴史をほとんど持たず，お互いの好意を前提として言葉を使えた私たち日本人には，最初のうちなかなか馴染めない発想なのである。

もっとも，私たち日本人にも，言葉にいいがかりをつけて敵に付け入った例はないわけではない。有名な逸話としては，徳川家康が方広寺の鐘に「国家安康」とあるのに因縁をつけ，「家康を切るとは何事だ，さては徳川家に対し謀反の企みがあるのだろう」とわけの分からない理由で豊臣家を滅ぼしたというのがある。ことの真偽はともかく，言葉には本来このように敵に付け入る可能性を与える曖昧さが潜むのだが，私たち日本人はこれにはかなり鈍感な方である。だが，英語はこのことに関してきわめて敏感な言語だから，「文脈で」などという相手の好意にすがるような真似はほとんどしないと言ってもよい。

そのかわりに英語が読解の手がかりとして選んだのが，先にも述べた言葉の配列，つまりいわゆる基本5文型である。すなわち，文型と意味とを1対1に対応させることによって，誤解のない正確な理解を導こうとしているのだ。先ほどの get は「到着する〈S＋V〉」「なる〈S＋V＋C〉」「手にいれる〈S＋V＋O〉」「買ってくる〈S＋V＋O＋O〉」「させる〈S＋V＋O＋C〉」と分類できる。だから，私たちが get の意味を理解するには，それぞれの文がどの文型で書かれているかを知ることがぜひ必要なのだ。

文型を判断するには

文型を判断する，と言うとやたらこむずかしく聞こえるのが困ったものだが，そのルールはいたって簡単で，次のことさえ知っておけばよい。

文型判断の基本ルール

①前置詞のついている名詞は文の要素にならない（例外あり）
②前置詞のついていない名詞は必ず文の要素（S，O，C）にする
③名詞にかからない形容詞は必ずCにする
④副詞はすべて文の要素にしない

　このルールに従えば，上の５つの文のうち，（１）では to the station, after ten minutes' walk は前置詞＋名詞だから文の要素にならない，（２）では tired が形容詞なので C になる，（５）では everything が前置詞のつかない名詞なので O, ready が形容詞なので C という具合に，文型が決まっていく。これによってそれぞれの文での get の意味が特定できるようになるのである。

　このやり方は，確かに慣れるまでは少々面倒だが，慣れてしまえば迷うことの少ない確実な理解が得られるという点で他のいい加減な読解法よりも格段に優れていると言える。

　つまり，いったんこのやり方を習得すれば，英語はむしろ日本語などより推量の余地の入り込みにくい，分かりやすい言語ということになるのだ。

句や節をまとめよう

　このような文型による英文読解法に対して異議を唱える諸君の中には「実際の英文は長いので，文型で説明しようにもどうしていいか分からない」と主張する人が多い。よろしい。今度はそのことを説明しよう。

　次の２つの英文を比べてみよう。

（６）He wants a car.

彼は車を欲しがっている。

（７）He wants to get a driver's licence.

彼は運転免許をとりたがっている。

この場合，（6）の英文の文型は簡単に判断できる。それは，wants の後にあるのが a car という名詞一つだからで，これを目的語とすれば wants の文型〈S＋V＋O〉が完成することになる。実は，（7）の文でもやることは全く同じである。比べてみればすぐ分かるように，（6）の a car に対応するのは（7）では to get a driver's licence である。確かに複数の語句から成り立ってはいるが，ちょうど a car という名詞に対応する位置にこれがあることから，この部分は全体で名詞であると考えることができる。このようにいくつかの語句をひとまとめにして全体である単語と同じ働きをさせるのが，複雑な英文を理解するための方法である。もちろん，むやみに語句をまとめるわけではなく，（7）の場合 get と a driver's licence の関係に注目してここを V＋O とまとめられると判断しているのだが。

このように，複数の語句がまとまって一つの単語と同じ働きをするものを**句**や**節**という（節は「接続詞＋S＋V」の形をしているもの，それ以外の to V, Ving, Vp. p などで作られているまとまりを句という）。こうしてまとまりごとに役割を考えるならば，見かけ上どんなに長い英文でも，そのまとまりとしてみる限り，文型で理解できる長さでしかないと言える。

修飾語の分類法

さらに，文型からはみ出すものがあるから文型をやってもしようがない，という批判にも答えておこう。実は，文型に入らないこと自体が，その部分を理解する手がかりであると言えるのだ。

（8）He wants a driver's licence to drive across the American continent.
　彼はアメリカ大陸を横断するために，運転免許を欲しがっている。

先ほどの説明から，to drive across the American continent をひとまとまりとして考えることは分かるだろう。そこでこの部分を X と置くと，（8）

の例文は次のようになる。

（8'）He wants a driver's licence X.

　　wants は〈S＋V＋O〉で，a driver's licence がOであることから，確かに X は文型には入らない。このように文型に入らないもののことを総称して修飾語（M）という。「修飾語」というとなにやらむずかしげだが，その実，よくある文法書の説明などは全くいらないと言っていい。ただ，「文型に入らない」ことさえ分かればよい。

　　X が修飾語だと分かったことで，私たちは次の段階に進める。修飾語の役割は，形容詞と副詞の2種類しかないので，そのどちらになるかを分類してやればよいのである。ここでもまた，文法用語自体にたじろいでしまわず，その分類方法を正しく知っておくだけでよい。形容詞が名詞にかかるものであることを知らない人はいないだろう。ところが，副詞となると，文法書の説明を読んでもちっとも分からない。そのせいで多くの諸君は文法用語が嫌いになるのだが，実は，そのような説明が全く不必要であることに気づけば，副詞は簡単なのである。要は単純な引き算の問題である。「修飾語」と言われるものには2種類あって，そのうち「名詞にかかる」とはっきり説明できるものは「形容詞」という名前がつけられる。とすれば，その他全部，つまり，「名詞にかからないもの」がすべて「副詞」であると考えればよいわけだ。

> ## 修飾語（文型に入らないもの）の分類
> 形容詞＝名詞にかかるもの
> 副詞＝その他全部（名詞にかからないもの）

　　さて，（8）の文に戻ろう。X，つまり to drive across the American continent はM（修飾語）であると分かったので，形容詞になるかどうかを考えてやろう。もし形容詞でなければ副詞と呼ぶまでのことである。この時，「名詞」つまり a driver's licence にかかるかどうかがポイントであるが，「アメリカ大陸を横断する免許」は，不自然であると分かるはず。

つまり，Xは名詞にかかれないので「副詞」となる。ここまでくれば諸君も気づいたはずだが，この不定詞は「副詞的用法」で，「〜するために」と目的の意味になるのである。

文型を考える作業

このようにして見てくると，英語の文型を考えるとは，結局のところ

①語句のまとまり（句や節）の範囲を決め，

②その部分が文の要素になるなら「名詞」（一部「形容詞」になるものもある）に分類し，

③文の要素にならないなら「形容詞」あるいは「副詞」に分類していく

という作業なのだ。これをさらにつづめて言えば，文中のあるまとまりを「名詞」「形容詞」「副詞」に分類していくのである。

その時の手がかりというか設計図になるのが，その文中の動詞の持つ文型である。だから私たちは，各動詞の意味だけでなく文型のパターンを記憶した上で，その指示に従っていま言った分類をしてゆくことになる。

文型を理解すると「意味」が見えてくる

諸君の中には，文型を理解することと「英文の意味をとる」という私たちの究極の目的の間にどういう関係があるのかと疑問に思う人もいるだろう。最後にこの疑問に答えておこう。

（9）I don't know whether he will come with us or not.

彼がついて来るかどうか分からない。

（10）I have to go whether he comes with me or not.

彼がついて来るにせよ来ないにせよ，私は行かなくてはならない。

（9）（10）の文において，whether 以下の語句はほぼ同じ単語で書かれている。この部分は「接続詞（whether）＋ S ＋ V」で書かれているから，全体で「節」となり，一つの単語と同じように働く。そこでこの部分を Y

にすると，これらの文はそれぞれ次のようになる。

（9）I don't know Y.

（10）I have to go Y.

　すると，（9）の know〈S＋V＋O〉，（10）の go〈S＋V〉という文型から，（9）ではYは know の目的語なので「名詞」，（10）では go 以下は文型に入らないからMで，しかも，名詞にかかろうにも相手となる名詞が前にないので，Yは「副詞」に分類される。

　さて，ここで接続詞の whether の持っている性質に注目しよう。この接続詞は，節全体が名詞の場合は「〜かどうか」，副詞の場合は「〜だろうと」と訳すと決まっているので，（9）では「名詞」の場合の訳を与えて「彼が来るかどうか」，（10）では「副詞」の場合の訳を与えて「彼が来ようとそうでなかろうと」となる。

　このように，その部分の役割が決まると，それに対応して必ず訳（意味）の決まる部分が出て来るので，それを利用することで文意が理解できて来るわけだ。つまり，各部分の役割の判断が意味に通じているのである。このような判断は，英文が複雑になればなるほど重要になって来る。これまであげてきた単純な例文なら確かに「文脈で」適切な意味を見つけることができる場合もあろうが，「読解力」とは難しく複雑な英文を正しく判断できて初めて認められるものであり，そのような場合，前後関係だけでなんとなく意味を判断することはまずできない。だから，このような「どんな英文にも当てはまる」知識と判断力を養うことで，人はようやく英語を「読める」ようになるのである。

　はじめにも書いたように，英語と日本語はその基本の成り立ちがあまりにも違っているので，英語の文法論理に正しく乗り，正しい理解を得るためには，この手続きは絶対に避けて通れないのである。

次の文章を読み，後の問に答えよ。

(1) The need for a language which is universally understood and spoken is widely felt, and frequently expressed.   (2) At present, English is the only language that is in a position to fill this requirement.   (3) Although there are more people who speak Chinese as their mother-tongue, Chinese is still too isolated and its writing system too unfamiliar to attract attention outside of China. Russian is little used outside the East European countries.   (4) French, the world language of the eighteenth century, is an important common-language in many countries, but is not used as widely as English.   (5) It is not used as the language of many occupations either, as English is. Spanish is important in South America, and now also in the United States, but (6) there is little possibility of its becoming a world language. No language other than English carries universal appeal. And, until now, (7) secondary languages such as Esperanto, have made only very slow progress in persuading world authorities to pay attention to their claims.　(同志社・文)

(注) Esperanto ＝エスペラント語

問1　下線部（1）について，次の問に答えよ。

（a）この文の主節の主語・動詞を指摘せよ。

（b）2つある and は，それぞれ何と何をつないでいるか。抜きだして答えよ。

（c）下線部全体を和訳せよ。

問2 下線部（2）について，次の問に答えよ。

（a）この文の主節の主語・動詞・文の要素を指摘せよ。

（b）この文の that と同じ用法の that を次から一つ選び，記号で答えよ。

（ア）The workers' demand that there should be a rise in pay was ignored by their employer.

（イ）We all have a face that we hide away forever.

（ウ）All of us know that men are mortal.

（c）is in a position to fill…を is（　　）to fill…と書きかえるとき，空所に当てはまる1語を書け。

（d）the only language は「唯一の言語」「言語に過ぎない」のいずれの訳を与えるのが正しいか。次の2つの例文を訳し，それを参考に選べ。

（ア）This is the only way to solve the question.

（イ）This is only a way to solve the question.

（e）下線部全体を和訳せよ。

問3 下線部（3）について，次の問に答えよ。

（a）この文には，どこかに1語省略がある。省略された語を補って，その前後2語ずつを書け。

（b）to attract…の文法的役割を答えよ。

（c）下線部全体を和訳せよ。

問4 下線部（4）について，次の問に答えよ。

（a）下線部の主語・動詞を指摘せよ。

（b）the world language of the eighteenth century の文法的役割を答えよ。

（c）下線部全体を和訳せよ。

問5 下線部（5）について，次の問に答えよ。

（a）as English is の as と同じ意味・用法の as を次から一つ選び，記号で

答えよ。

（ア）As he was taking a bath, Aristotle hit on a great idea.

（イ）As he was taking a bath, he couldn't answer the doorbell.

（ウ）We take air for granted as a fish takes water.

（b）下線部全体を和訳せよ。

問6　下線部（6）について，次の問に答えよ。

（a）possibility of…の of と同じ用法の of を次から一つ選び，記号で答えよ。

（ア）With the rise of prices, people came to spend less money on luxuries.

（イ）Our hope of living in a peaceful world is not likely to be fulfilled.

（ウ）Columbus was known for his discovery of American continent.

（b）its の文法的役割を説明せよ。また，its の指すものを 1 語で答えよ。

（c）下線部全体を和訳せよ。

問7　下線部（7）について，次の問に答えよ。

（a）この部分の主語・動詞を指摘せよ。

（b）secondary languages はここではどういう意味だと考えられるか。

（c）この部分の have made と意味・文型が同じ make を次から一つ選び，記号で答えよ。

（ア）The ship made for the land.

（イ）She will make a good wife.

（ウ）We should make a decision now.

（エ）She has made a cup of coffee for me.

（オ）Illness has made him stay home all day long.

（d）to pay attention…の文法的役割を答えよ。また，この不定詞の意味の上の主語を抜き出せ。

（e）下線部全体を和訳せよ。

　最初は標準的な読解問題を通じて，英語の読解の具体的な方法を示すことにしよう。はじめに断っておくが，この文章の解説はかなり長いものになることを覚悟しておいてほしい。言いかえれば，ここの解説に「英文読解の方法」のエッセンスがつまっているといっても過言ではない。じっくり読んで2以降の文章の読解に役立ててほしい。

　まずは下線部（1）から読み進めていく。そこで，諸君がこれまで英文を見たとき，まずはじめに何をしてきたかを反省してほしい。いわゆるインチキ速読法を信奉している諸君は「言葉を最初から順にまとまりごとに切り，その部分の意味をとってつなげている」などというのかも知れないが，笑わせてはいけない。英文解釈の最大の問題点は，「何をまとめ，どこで切るか」に尽きるのであって，それをするためにかなりの知的作業を必要とする。逆に言えば，「正しくまとまりに切れる」のであればその文の解釈は終わっているので，それが一読しただけでできるのであれば世話はないのである。しかも重要なことは，語句のまとまりをどこで切るかは，ある一つのセンテンスをピリオドまで見てはじめて理解できる場合が多いので，「最初から順に」などという曲芸は本来できるはずがない。それを無理にやろうとするところから，全ての誤解が発生している。そこで，これからこの本を読み進めるに当たって諸君の肝に銘じてほしいのが，次の原則である。

読解の原則 1

英文は，まずピリオドまで目を通してから読解作業にかかること。決して一部だけで何かを考えてはいけない。

さて，ピリオドまで一度目を通すといっても，ただ漫然と読んでいるだけでは何もしないのと同じことである。そこで，最初に目を通す際に，次の2つの作業をやっておくことにする。

読解の原則2

英文を一読する際，
　①等位接続詞を発見しておく
　②動詞（不定詞・動名詞・分詞を除く）の数を数えておく
という2つの作業をする。

 この作業によって（1）は次のようになる。

The need for a language which is universally understood and spoken is widely felt, and frequently expressed.

次に，等位接続詞のつないでいるものを決定しよう。

読解の原則3

等位接続詞の前後には，文法上同じ働きをするものがくる。
それを発見するためには以下の手順を踏む。
　①等位接続詞の後ろの形を確認する
　②前でそれと同じ形を探す
　③同じ形になっているもの同士を並列に書き並べる

The need for a language which <u>is</u> universally 〔understood / spoken〕

<u>is</u> 〔widely felt / frequently expressed〕

（１）の文の等位接続詞の前後をまとめると上のようになる。同じ形のもの同士が並んでいることを確認しよう。これによって，この文の動詞は is …understood and spoken という受動態と，is…felt and…expressed という受動態であることがそれぞれ分かったわけである。

　では，次にこの文の中心となる動詞を決定しよう。見ての通りこの文には２組の動詞があるわけで，そのうちのどちらが文の中心，つまり主節の動詞になるかを決定しなくてはならない。ところが，「主節」がどのような特徴を持つ節であるかが分からないと，どれが主節かも決定できないのである。この際，「主節」＝文の中心，という情報は役に立たない。文の中心という言葉はあまりにも曖昧で，目に見える何の特徴も示さないからだ。我々に必要なのは主節だけが持つ，はっきりと目に見える特徴である。それは，

読解の原則4

文の主節＝前に接続詞・関係詞をもたないＳ＋Ｖ。

である。逆に言えば，主節以外の全ての節（従属節）には，その前に必ず接続詞・関係詞があることになる。しかも主節は普通１文に一つである。このことから，次の公式が導ける。

読解の原則5

文中の動詞の数－１＝その文中の接続詞・関係詞の数。

上の式でなぜ１を引くのか分かるだろうか。それは，主節の前に接続詞・

関係詞がないせいである。例えばある文に動詞が10個ある場合，主節の動詞は一つだから残りの9個の動詞は従属節になる。すると当然，この文には接続詞・関係詞が9個ある理屈になるわけだ。

そこで（1）をこの式に当てはめると2－1＝1となって，この文には接続詞・関係詞が一つあると分かった。それはもちろん which である。

The need for a language <u>which</u> <u>is</u> universally $\dfrac{\text{understood}}{\text{spoken}}$

$\underline{\text{is}}$ $\dfrac{\text{widely felt}}{\text{frequently expressed}}$

接続詞を見つけたら，次の作業にとりかかろう。

読解の原則 6

接続詞を見つけたらカッコを開け。

The need for a language ［ <u>which</u> is universally $\dfrac{\text{understood}}{\text{spoken}}$

$\underline{\text{is}}$ $\dfrac{\text{widely felt}}{\text{frequently expressed}}$

さらに，開いたカッコは閉じておかなくてはならない。

読解の原則 7

節の終わりは，始まりから数えて2つめの動詞よりも前。

この原則によると，which で始まった節はそこから数えて2つめの動詞 is…felt and…expressed よりも前で終わらなくてはならない。

$$\text{The need for a language} \begin{bmatrix} \text{which is universally} & \dfrac{\text{understood}}{\text{spoken}} \end{bmatrix}$$

$$\text{is} \quad \dfrac{\text{widely felt}}{\text{frequently expressed}}$$

これでこの文の主節が is…felt and…expressed であると分かった。この動詞は which 節の範囲に入らないのだから，前に接続詞・関係詞を持たないと言えるのである。

では次に主節の文の要素を決定しよう。そのためには，which で始まる従属節の中身を一度忘れて，全体で一つのまとまりとみてしまおう。

読解の原則 *8*

主節の文型を考えるとき，句や従属節の中身は無視し，１つのまとまりとしておく。

$$\text{The need for a language} \boxed{\text{which}\cdots} \text{ is} \quad \dfrac{\text{widely felt}}{\text{frequently expressed.}}$$

こうしてみると is…felt and…expressed の主語は The need であると分かる。また，この動詞は受動態で，しかも動詞の後には何も書いていないのだから，この文の文の要素だけを取り出すと次のようになる。

$$\text{The need}\cdots\text{is} \quad \dfrac{\text{widely felt}}{\text{frequently expressed.}}$$

このように主節の文の要素だけを取り出しておくのは訳を主節の文の要素から始めるためである。

英文読解 ①

読解の原則 9

英文を和訳する場合，訳は必ず主節の要素から組み立てる。

そこでまず主節の訳を組み立ててみよう。

訳その1

「必要性は，広く感じられており，頻繁に言われてもいる。」

次に，文の要素に入らないもの，つまり修飾語（M）の役割を考えて適切な訳を与えていく。まず，for a language の役割だが，これは need に the がついていることによって決まってくる。

読解の原則 10

はじめて出てくる名詞につく the を「予告の the」といい，その名詞には後ろから説明がかからなくてはならない。

つまり，for a language は The need にかからなくてはならないのだ。

訳その2

「言語の必要性は，広く感じられており，頻繁に言われてもいる。」

次に which 節だが，この節は名詞節か形容詞節（関係詞節）になることが決まっていて，しかもこの場合文の要素にならないのだから名詞節ではありえない。つまり，この which is universally understood and spoken は形容詞として a language にかかることになる。

訳その3

「世界のどこでも理解され話される言語の必要性は，広く感じられており，頻繁に言われてもいる。」

これでこの文の和訳，つまり理解が完成したことになる。

(2) では,（2）へ進もう。読解の手順は（1）と同じであるから，必要なところ以外は説明を省略し，作業の途中経過のみを英文で示すことにする。

まずは動詞を発見するところまで（この文には等位接続詞はない）。

At present, English is the only language that is in a position to fill this requirement.

見たとおり動詞は2つだから接続詞・関係詞は一つである。

At present, English is the only language that is in a position to fill this requirement.

次に，that の所でカッコを開き，カッコを閉じる場所を探す。that 以下には動詞が一つしかない（不定詞は動詞に数えない）ので，文末でカッコを閉じる。

At present, English is the only language [that is in a position to fill this requirement].

これで English is…の is が主節であると分かった。次に that 以下をまとまりとして囲み，主節の文の要素を特定する。

At present English is the only language that…
               S   V   C

be 動詞の文型は〈S＋V＋C〉だから，上のように要素を決定できる。これで主節の訳はできるようになったわけだが，ここで一つ，細かいけ

れどデリケートな問題に触れておきたい。それは，only の訳し方である。

　only には「唯一の」という意味と「ただ〜に過ぎない」という意味があるが，そのどちらを選ぶのがこの場合正しいのだろうか。こういう「訳を選ぶ」問題に直面した場合，多くの諸君は「文脈にあうもの」を選ぼうとするようである。確かに，文法的に区別がつかない場合には「文脈」に頼って訳を選ぶほかないのだが，ここの only の場合は，きちんと文法的に判断すれば正しい訳が選べるのである。そして私がこの本を通じて諸君に何より強調したいのは，文法的判断を文脈的判断に優先して使うこと，つまり，文脈的判断はできるだけしないですますという姿勢である。

　文脈的判断とは，つまるところ，「自分がどう読みたいか」という主観的判断である場合が多い。その判断が「正しい」というのは，所詮大多数の意見と諸君の意見が一致しているということに過ぎない。確かに，言葉には主観的判断を許す部分があって，それがどのような言語であれ言葉の豊かさに通じているのだが，それはあくまで客観的に決まっている「正しい」部分を通り抜けた向こうにある領域であるから，英文の基本的な意味を理解する程度のことにはできるだけ「主観的な」要素は排除するのが好ましい。大学入試の問題も，その全てがあくまで「客観的な」，つまり文法的に説明のつくことのみを問うものなのである。

読解の原則 11

文意を決めるには，まず文法的判断を全てに優先する。文脈的判断は最後の手段と心得よ。

　さて，先の only であるが，「唯一の」と「ただ〜に過ぎない」という2つの訳があると書いたのは実は正確な事実ではない。only はその品詞が形容詞の場合「唯一の」，副詞の場合「ただ〜に過ぎない」と訳すのである。つまり，ここの only の品詞が特定できれば訳は自動的に決まることになる。では何によって only の品詞を特定すればよいのか。その答えは冠詞の the にある。

読解の原則 **12**

冠詞は名詞の先頭に立って名詞の範囲を特定する。従って,
① 冠詞と名詞にはさまれたものは形容詞として名詞にかかる
② 冠詞より前にあるものは名詞にはかかれない

この原則に従えば,問2の（d）の例文で（ア）の the only way では,
only が the より後にあるから名詞 way につながる形容詞と考えることが
でき,反対に（イ）の only a way では only が a より前にあるから名詞
way につながることができず,従って only は副詞と考えることになる。
これと同じことが本文の the only language においても成り立っている。
すなわち only は the より後にあるから名詞 language にかかる形容詞であ
り,従ってその意味は「唯一の」でなくてはならない。

そこでいよいよ主節の訳を始めよう。もう一度訳すべき英文を示してお
く。

At present, English is the only language that…
　　　　　　　S　　V　　　　　C　　　　　　M

訳その1

「現在のところ英語が唯一の言語である」

次に that 節の役割を考えよう。文を見れば分かるように主節の文型は
すでに終わっているから,この that 節は修飾語,つまり形容詞か副詞の
働きをしている。形容詞節の that は関係代名詞,副詞節の that は接続詞
であるから,この that が接続詞であるか関係代名詞であるかが分かれば
自動的に節の役割も決まることになる。その判断には次の原則を利用する。

読解の原則 **13**

that の分類　that の後ろが完全な文→接続詞
that の後ろが不完全な文→関係代名詞

そこでこの that 節の中身を検討してみよう。

(that) is in a position to fill this requirement

　一目見れば分かるように that の後の動詞 is には主語がない（この時，that そのものは入れずに見るのがコツ）。従ってこの that は関係代名詞であることが分かるから，that 以下は形容詞節として前の language にかければよい。なお，〈be〉in the position to V は〈be〉able to V と同じであるから，「V できる」と訳しておけばよい。

訳その2

「現在のところ，英語がこの要求に応えられる唯一の言語である」

　これで下線部（2）の訳は完成であるが，次に進む前に問2（b）の各文を点検し，that の役割を特定しておこう。
　まずは**（ア）**から。動詞が2つだから接続詞・関係詞は1つあると分かる。そこまでの作業を終えると下のようになる。

The workers' demand **that** there should be a rise in pay was ignored by their employer.

　that のところでカッコを開き，閉じるところを探す。〈読解の原則7〉に従えば，that から数えて2つめの動詞 was ignored の前で閉じることになる。そこで that 節をまとまりとして囲むと次のようになる。

The workers' demand that… was ignored by their employer.
　　　　S　　　　　　M　　　　　V

　これで主節がはっきりした。主節の訳は「労働者の要求は経営者に無視された」である。さらに，The … demand と The がついているところから，that 以下は demand にかけなくてはならない（〈読解の原則 10〉）。では，that 節は形容詞節（つまり that は関係代名詞）なのだろうか。that の後ろを研究してみよう。

that there should be a rise in pay
　　　　　　V　　　　S

　この that 節は there〈be〉S の構文で書いてあるから，S があれば「完全な文」である。ということはこの that は関係詞ではなく接続詞である。
　実は，接続詞の that でも名詞にかかるものがあり，これは文法的には同格の that と定義されている。つまりこの that は同格で，「〜という」と訳す必要があるのだ。そこで（ア）の訳は「**給料を上げてほしいという労働者の要求は経営者に無視された**」になる。
　次に **（イ）**。まず動詞と接続詞・関係詞の特定を終わらせておく。

We all have a face that we hide away forever.

that で開いたカッコは文末で終わらせればよい。

We all have a face that…
　S　　V　　O　　M

　これで主節とその文型が特定できた。主節の訳は「我々は皆顔を持っている」である。それでは that の後ろの形を点検しよう。

that we hide away forever
　　　S　　V　　　→Oが見つからない

　hide が他動詞〈S + V + O〉であることが出発点。away も forever も
副詞だから hide の目的語になることはできない。つまりこの部分は hide
の目的語が欠けている「不完全な文」である。だから that は関係代名詞。
訳は「**我々は皆永久に他人には見せない顔を持っている**」となる。

　最後は **(ウ)**。はじめにやることは今までと同じ。動詞を数えて接続詞・
関係詞を必要なだけ見つける。

All of us know that men are mortal.

that 節はやはり文末まで。

All of us know that…
　　S　　　V　　O

　know が他動詞であることから，that 節はその目的語となる名詞節にな
るはずである。その場合，that は接続詞でなくてはならない。

that men are mortal.
　　　S　　V　　C

　見たとおり，that 以下には完全な文がある。従って that は接続詞となり，
名詞節と解釈して構わない。訳は，「**我々は皆，人は必ず死ぬ運命にある
ことを知っている**」となる。

(3) 次に（3）。最初の読解の手順は全く同じである。

はじめに等位接続詞を発見して前後に同じ形が来るように並べてやる。この文には and が一箇所あるが，その後ろは一見すると前と異なった形になっているように見える。だが，前後に too という同一の語があることを利用して，それが同じ位置に来るように並べてやると下のようにできることが分かる。

……Chinese is still <u>too isolated</u>
its…system   <u>too unfamiliar</u> ⎤ to attract attention…

この時，its writing system を Chinese と同じ位置に並べるのがミソである。もちろん，これには根拠がある。its…system は名詞だから，同じ名詞である Chinese と同じ位置におく道理なのである。こうして上下に並んだ２つの部分を見比べてみれば，its writing system too unfamiliar には省略されている語句があることは明らかである。

……Chinese is still too isolated ⎤
its…system (is) too unfamiliar ⎦ to attract attention…

ここで扱ったのは英語の「省略の原理」である。私たち日本人は「省略」と言うと「言わないでも分かるから」とか「文脈で判断できるから」と考えがちだが，英語ではそのような曖昧な根拠で省略を補うことは許されない。

読解の原則 14
同じ形の反復があると２回目以降には一部省略がありうる。

もう一つ，前ページの文を見れば分かるように，2つに分かれていた流れが to attract…の所で1つに戻っている。これは too ～ to V という構文が and の前後の2つの too によって作られているからで，to attract はその両方と結びついていなくてはならない。

では次の段階へ進もう。

Although there are more people [who speak Chinese…]
…Chinese is still too isolated
and   to attract attention…
its…system (is) too unfamiliar

動詞は省略されているものを含めて4つあるから接続詞は3つあるはずである。Although, who がそれに当たるが，もう一つは先ほど考えた and である。although, who は従属接続詞なのでこの2つで始まる節は従属節と考えられる。ということは and の前後の2つの節がともに主節（等位接続詞の前後は同じ働きだから，主節が2つあることになる）だと分かる。

訳その1

「中国語はあまりにも独特でその書き方の仕組みはあまりにも変わったものなので，中国以外の国では注目を集めることがない」

この部分では，先ほど注意したように to attract…が2つの too に等しくつながるように訳を組み立てよう。

では従属節を訳そう。従属節を訳すときに注意すべきことは（きわめて基礎的なことだが）接続詞の訳は末尾につけることである。Although で始まる節を訳すとき，「～だが」と，Although の訳は節の最後にくる。

Although there are people [who speak Chinese…]
            V   S   M

Although 節の文型は左下の通りである。動詞の前の there はＳがＶより後ろにあることを示す信号だから，Ｓは people となる。この場合の be 動詞は〈Ｓ＋Ｖ〉文型だから，Ｓである people までで文型は終わり，who 以下はＭとなる。

Although 節の訳 「より多くの人がいる**が**」

who 節は Ｍ の場合，必ず前の名詞にかかる（形容詞節）から，who 以下を people にかければこの文の訳は完成する。

訳その２―下線部全訳

「中国語を母国語として話す人はもっと多い**が**，中国語はあまりにも独特でその書き方の仕組みはあまりにも変わったものなので，中国以外の国では注目を集めることがない」

(4) この文は単純で動詞は is １つしかない。この文で説明したいのは「挿入」という文法事項である。「挿入」は２つの comma（あるいは dash）にはさまれた部分のことであるが，この部分は文法的には全体の骨格とは無関係なので，この部分をとばすことによって前後のつながりが見えることが多い。つまり，

読解の原則 **15**

文中に comma が２つあったら，そのあいだをとばして前後をつなげてみる。うまくつながったら，comma にはさまれた部分は挿入である。

断っておくがこの規則は comma のあいだを無条件にとばせと言っているのではない。とばしてみて前後が文法的につながるようならとばしてよい，ということである。この文でそれをやってみると，

French,……, is an…language in many countries.
S　とばす V　　　C

となって前後がうまくつながると分かる。このような場合，とばした部分を挿入と言うのだ。ところで，挿入の文法的な役割だが，

読解の原則 16

挿入は直前のことの注釈である。文法的には「前と同格」あるいは「全体で副詞」と考えるとよい。

であり，この場合の the world language of the eighteenth century は直前の French の同格的説明と考えることができる。

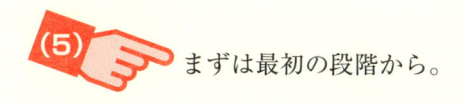

訳

「18 世紀の世界共通語であったフランス語は，現在でも多くの国で重要な共通語である」

　上の訳で，あえて「現在でも」という言葉を入れてあるのは，「18 世紀の共通語」という語句と，動詞 is が現在形であることとのずれを読み取ってそれを表現するためである。小さいことだがこういう「時間のずれ」に対する敏感さが訳をぐっと引き立てる。

(5) まずは最初の段階から。

It is not used as the language of many occupations either, [as English is] .

動詞が 2 つ（is not used, is）あるから，接続詞は 1 つ（as）である。また，as the language…の as は前置詞である。as が 2 つあるから比較だ

と思った人は，比較の基本的な文法を忘れている。as ～ as 構文では，2
つの as の間の先頭の1語（つまり最初の as の直後の語）は形容詞・副詞
でなくてはならない。この文の場合, the language が名詞であることから，
この部分は比較ではありえないと分かる。

さて，本来ならここで主節（It is not used…）の訳に移るのだが，ここ
では先に as English is の部分から考えていこう。

as という接続詞は後ろに続く形によって意味が変わってくる。

英文読解
❶

読解の原則 *17*

as の分類 **as の後ろが完全な文→ as は「時」「理由」**
as の後ろが不完全な文→ as は「様態」
※ただし，as の前後に同じ形の反復がある場合は，後ろが
完全であっても「様態」になる。

この文の場合，as English is では，is の C がないから後ろは不完全で，
従って as は様態（「～と同じく」「～のように」）であると言える。ところ
で，この様態の as の後ろが不完全になるのはどうしてなのだろうか。足
りない部分には何を補うことができるのだろうか。

実は，これもまた「同じ形の反復」が鍵である。様態はその意味が「～
と同じく」になることでも分かるように，前後に同じ形の反復を持つこと
が多い。

　　　　It 　　is not used as…

as English is

この文では，is という共通の語を手がかりにしてみると何が省略されて
いるかよく分かる。

(so as to ～
  so as not to ～

It　is not used as…

as English is　　（used as…）

　notを補わないのは「否定語は省略できない」というルールによる。つまり，この文のas節は「英語が…として使われるのと同じように」という意味になるのだ。また，同じ形の反復から代名詞の意味も特定できる。It is not usedがEnglish is usedと同じ形になっているのだから，ItはEnglishに対応するもの，つまり言葉の名前となる。この文の直前で話題になっている言語はフランス語だから，It＝フランス語である。

訳

「フランス語は英語のように多くの職業の言葉として使われてもいない」

　ところで，問5（a）の3つの選択肢のうち「様態」のasはどれだろうか。後ろが完全か不完全かを見るだけではどれも皆「完全」に見えるため手がかりにならない。同じ形の反復に注目してみよう。（ウ）だけが，asの前後ともにtakeという同じ動詞を使っている。つまり，このasだけが同じ形を反復しているのだ。従ってこのasが様態である。

　なお，as a fish takes waterのtakesは，前のtakeと同じ形なのだからtake〜for grantedの意味になる。つまり，「我々は魚が水を当然と思うように空気を当然と思っている」が（ウ）の訳である。

(6)　これも基本的な構造は単純である。

there is little possibility［of its becoming a world language］.
　　　V 否定　　S

　動詞は1つしかないから主節はすぐに分かる。There〈be〉Sの構文は「Sがある」だが，littleという否定語（数えられない名詞にかかるaのない

little ＝「ほとんどない」）があるので，「可能性はほとんどない」と訳すことになる。

　この部分で問題になるのは，of its becoming a…language をどう訳すかである。of という前置詞の目的語は becoming（動名詞）だが，become には（たとえ動名詞になっても）文型があるので，それをきちんと特定して意味をとらなくてはならない。

読解の原則 18

文中のあるまとまりの中に準動詞（不定詞・動名詞・分詞）がある場合，その準動詞を中心に前後をまとめてみる。

　たいていの諸君は動詞の後ろに来るものを動詞と関連させることは，何となくにせよ分かっているはずだから，この部分でも a language が become と関係することには気づくはずである。

　けれども，its の方はうまく処理できない可能性が高い。というのは，諸君の頭の中には「所有格＝～の」という固定観念がこびりついていて，そのためほかの可能性を考えられなくなっているからである。だが，実は英語の所有格は，単に「～の」と訳す所有関係だけではなく，主格・目的格としても働けるのである。

読解の原則 19

所有格は，主格・目的格にも訳せる。特に，動名詞の前の所有格は，動名詞の意味上の主語になる。

　これを利用してこの部分の文型を判断すると次のようになる。

possibility of its becoming a…language
　　　　　　　 S 　 V 　　 C

また，この文型がＳ＋Ｖ＋Ｃであることを利用すれば，its が指すものを特定することができる。もちろん，そのためにはＳ＋Ｖ＋Ｃ文型の特徴を正しく理解しておかなくてはならない。

読解の原則 **20**

Ｓ＋Ｖ＋Ｃ文型では，必ずＳ＝Ｃが成り立つ。また，Ｓ＋Ｖ＋Ｏ文型ではＳ≠Ｏになる。

　この原則によれば its ＝ a…language となるから，its はある言語，つまりこの直前に出てくるスペイン語であると分かる。つまり，この部分の意味は「スペイン語が世界共通語になる（こと）」である。これを，of を介して前の possibility にかけるわけだが，of の後に「動作」を示す表現がある場合，of は同格で「〜という」と訳すのが普通である（これに関する詳しい説明は〈読解の原則 44〉）。

訳

「スペイン語が世界共通語になる（という）可能性はほとんどない」

(7)　少し長いが，これも動詞（準動詞は除く）は１つしか出てこないので主節の特定は簡単である。

secondary languages such as Esperanto, have made only
　　　　　S　　　　　　　　　　　　　　　　　　　　V

very slow progress in persuading world authorities to pay
　　　　O

attention to their claims.

　これで主節を訳す準備は整ったが，いざ訳すときには少々やっかいな問題がある。それは have made と secondary languages の訳語である。

have made の方は文法的な問題だが，目的語が progress という動作の意味の名詞であることを利用しなくてはならない。つまり，make が S＋V＋O 文型で目的語が動作の意味を持つ名詞の場合，「Oをする」と訳さなくてはならないのである。この場合も make progress だから，「進歩する」になる。

secondary languages，中でも secondary の訳語を決めるには，少々思考力を要する。secondary の辞書的な意味は「第2位の・二次的な・従属的な」であるが，このどれを入れてもピンとくる言葉にはならない。そのような場合，文中の別の手がかりを利用して secondary の意味を特定することが必要になる。

ここでの手がかりを提供してくれるのが，such as である。この表現は多くの場合，**A such as B** という形で現れ，**「たとえばBのようなA」**と訳すことができる。つまり，BがAの具体例になっているわけである。この文の場合，B ＝ Esperanto だから，A ＝ secondary languages の1つの例が Esperanto だと考えればいいわけだ。

Esperanto「エスペラント語」は有名な人造言語（どこの国の言葉でもなく，特定の人々が意図的に作り上げた言葉）である。だから，secondary languages はそのまま「人造語」「人造言語」と訳せばよい。

訳その1

「例えばエスペラント語のような人造語はきわめてゆっくりとしか進歩していない」

次に in persuading 以下について考えよう。ここでは persuade という動詞の文型を判断することをまず考える。このように，英語では文中に動詞が現れる度に（準動詞も含めて），その動詞の文型を正しく判断していくことが求められる。それを無視して適当につなげようとすると，必ずおかしな意味になっていくから注意しよう。

```
in persuading  …authorities  to pay attention…
        V          O            C
```

この部分の文型の判断には persuade に関する知識が必要である。すなわち persuade は S ＋ V ＋ O ＋ C 文型をとり，その C には to V の形が使われることを知っていなければこの判断は最初からできないのである。その意味で諸君が英語に関してまず記憶すべきものは，それぞれの動詞の取りうる文型であることを肝に銘じておこう。市販の単語集などはそれが終わってからでたくさんである。

さて，ここまで分かったらこの部分の意味を取ろう。S ＋ V ＋ O ＋ C 文型を考える場合，

読解の原則 21

S ＋ V ＋ O ＋ C 文型の O と C の間には必ず S → P（主語→述語）の関係がある。

ことを利用しなくてはならない。つまりこの文では

```
in persuading ┌ …authorities  to pay attention…
        v     │      o            c
              │      S      →      P
```

となるから，「諸国家が注意を払う」という関係があると分かる。動詞 persuade はそのような結果をもたらすように「説得する」という意味だから，これをまとめて訳すと「諸国を説得して注意を向けてもらう」になる。また，先頭の in Ving は「〜する時に・〜するという点で」と訳せるから，これを加えて訳を組み立てる。

訳その2

「例えばエスペラント語のような人造語は，世界の諸国家を説得してその主張に注意を向けてもらうという点で，きわめてゆっくりとしか進歩して

いない」

　ここまでくればもうできたも同然であるが，最後に訳文全体を読みなお
して，日本語として最も効率のよい表現に変えてみよう。

訳その3

「例えばエスペラント語のような人造語は，世界の諸国家を説得してその
主張に注意を向けてもらうことに，あまり成功しているとはいえない」

50

全訳

　世界のどこでも理解され話される言語の必要性は，広く感じられており，頻繁に言われてもいる。だが，現在のところ，英語がこの要求に応えられる唯一の言語である。中国語を母国語として話す人はもっと多いが，中国語はあまりにも独特でその書き方の仕組みはあまりにも変わったものなので，中国以外の国では注目を集めることがない。ロシア語は東欧諸国以外ではほとんど使われていない。18 世紀の世界共通語であったフランス語は，現在でも多くの国で重要な共通語である。しかし，フランス語は今，英語ほど広く世界で使われてはいない。また，英語のように多くの職業の言葉として使われてもいない。スペイン語は南米，また米国でも重要な言語ではあるが，スペイン語が世界共通語になるという可能性はほとんどない。つまり，英語以外には全世界から共通語として支持を得られる言語はないのである。さらに，今までのところ，例えばエスペラント語のような人造語は，世界の諸国家を説得してその主張に注意を向けてもらうことに，あまり成功しているとはいえない。

問の解答

問1 (a) The need, is felt and expressed

(b) understood と spoken，widely felt と frequently expressed

(c) 全訳参照（以下，全訳参照は略）

問2 (a) S = English，V = is，C = the only language　(b)（イ）

(c) able　(d)「唯一の言語」(ア)「これはその問題を解く唯一の方法だ」

(イ)「これはその問題を解く一つの方法に過ぎない」

問3 (a) writing system (is) too unfamiliar

(b) 副詞用法，too ～ to V で「程度」を示す

問4 (a) French, is　(b) 前の French と同格

問5 (a)（ウ）

問6 (a)（イ）［（ア）は主格「物価が上昇する」，（ウ）は目的格「アメリ

カ大陸を発見する」]　(b) becoming の意味上の主語，Spanish

問7 (a) secondary languages, have made　(b) 人造語

(c)（ウ）［（ア）〈S＋V〉進む，（イ）〈S＋V＋C〉Cになる，（エ）〈S＋V＋O〉Oをつくる，（オ）〈S＋V＋O＋C〉OがCだという結果を生む］　(d) persuade のC，意味上の主語は world authorities

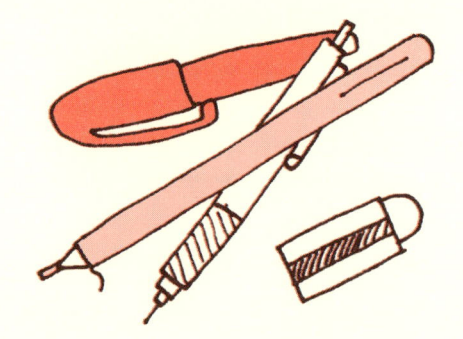

英文読解 ②

英文読解 ② 問題

次の文章を読み，後の問に答えよ。

The meanings of the words "good" and "ought" are closely related. Their relationship becomes clear when one looks at areas other than morality. (1) In doing so, however, it is important to bear in mind that we are merely trying to learn what can be learned by comparing the meanings of these words. As we shall see, they are used in many different contexts and in diverse senses. (2) It is important not to slip into the error of appropriating a meaning from some other context —— for example, the idea that "goodness" is equivalent to "health," "evil" to "sickness" —— and applying it simplistically to morality. We can learn something about the meaning of "good" and "bad" as moral concepts from this kind of exercise in analogy, but (3) we certainly cannot learn everything.

(関西・法)

問1 下線部（1）について，次の問に答えよ。

（a）主節の動詞を 1 語指摘せよ。

（b）to bear…の文法的役割を答えよ。

（c）that we are…の that と同じ用法の that を次から一つ選び，記号で答えよ。

（ア）That he admitted committing the murder is true.

（イ）So stubborn is he that he is unlikely to be persuaded.

（ウ）The children I know of that lived in a foreign country in their early childhood seem to have difficulty in adjusting themselves to their own society.

（エ）She did refuse his invitation with the consciousness that it would hurt him severely.

（d）下線部全体を和訳せよ。

問2　下線部（2）について，次の問に答えよ。

（a）not to slip…の文法的役割を答えよ。

（b）applying の文法的役割を答えよ。

（c）for example ～ "sickness" の間には省略されている語句があると思われる。省略を補って全体を書き写せ。

（d）the idea that…の that と同じ用法の that を次から一つ選び，記号で答えよ。

（ア）That he admitted committing the murder is true.

（イ）So stubborn is he that he is unlikely to be persuaded.

（ウ）The children I know of that lived in a foreign country in their early childhood seem to have difficulty in adjusting themselves to their own society.

（エ）She did refuse his invitation with the consciousness that it would hurt him severely.

（e）the idea の文法的役割を答えよ。

（f）下線部全体を和訳せよ。

問3　下線部（3）について，次の問に答えよ。

（a）否定の訳し方に注意しながら，次の各文を和訳せよ。

（ア）I know nothing about it.

（イ）I don't know everything about it.

（ウ）He is certainly not sick.

（エ）He is not certainly sick.

（b）下線部全体を和訳せよ。

英文読解 ② 解説

(1) 　文の読解をするのに，まずやるべきことは動詞の発見と接続詞の特定であるが，この文の場合，まずそれより先に気づいておかなくてはいけないことがある。それは**「論理接続の副詞」**である。

In doing so, <u>however,</u> it is important…
　　　　　　　論理接続の副詞

　上の波線を引いた however,（comma まで含めて覚えること。comma が直後にない however はこれとは違う）は「しかし」と訳すが，文法的には「副詞」である。私たちは「しかし」というだけでつい接続詞と考えてしまうが，それはあくまでも日本語でのこと，英語ではこの however, は「副詞」なのである。but が接続詞であるのに however, が副詞なのは，その2つの言葉の性質，使い方の違いから来ている。それは，

> ### 読解の原則22
> 論理接続の副詞は，文のどこに書かれていても，必ず文頭へ移して訳さなくてはならない。

である。これは「接続詞」と定義される but などには許されないことである。だから，however, は接続詞ではないのだ。
　そこでこの原則に従って however, を文頭に移すと次のようになる。

However, in doing so, it is important…
しかし

ではいよいよ動詞を見つけて接続詞を特定しよう。

…in doing so, it is important to bear in mind
that we are merely trying to learn what can be learned by comparing
the meanings of these words.

見たとおり動詞は3つあるから3－1＝2で接続詞・関係詞は2つある。

…in doing so, it is important to bear in mind
[that we are merely trying to learn [what can be learned by
    S   V   O

comparing the meanings of these words.]]

　ここで先に that の品詞の特定をやっておくと，上のように learn に必要なS，Oは揃っているから，〈読解の原則 13〉より that は接続詞であると言える。そこで that 以下を囲んでもう一度全体を見渡してみよう。

…in doing so, it is important [to bear in mind that…
               S V   C   V'   O'

　見たとおり，この文の中心部分は「〜は重要だ」という〈S＋V＋C〉だが，it が指すものが分からないので仮主語として後ろの to bear 以下を本当の主語に割り当てる。つまり，to bear…は名詞の働きをする不定詞である。さらに，bear 〜 in mind は「〜を覚えておく・忘れない」という熟語であるから，that 節をこの部分の目的語と考えて訳すことにしよう。すると，

訳その1

「そうする場合，〜を覚えておくことが重要だ。」

がこの文の訳の骨格となる。

では次に that 節の中を点検しよう。what 節は囲んでおこう。

(that) we are merely trying to learn what…
　　　　S　　　　　　　V　　　　　　　O

すでに見たように，that 節はこのように判断できる。まず，are（merely）trying to learn 全体を動詞と見る理由は次の通りである。

try to V：V しようとする

are try ing to learn
進行形

このように，この部分は try to V が進行形になった形だから，最後の learn を述語動詞と考えていけばよいことになる。また，what 節が learn の目的語だと簡単に分かるのは，what で始まる節が必ず名詞節になるという知識を利用するからである。このように特定の接続詞で始まる節は特定の役割しか持たないので，それを知っておくと読解の時に便利である。

読解の原則 23

節の役割は，接続詞ごとにある程度決まっている。各接続詞が導く節の役割（名詞・形容詞・副詞）を覚えよう。

訳その2 — that 節の訳

「我々は単に〜を知ろうとしているに過ぎないということ」

訳語について一言注意しておこう。それは learn である。この動詞はどういうわけか「学ぶ」と訳せばいいと思い込まれていて，そのせいで訳文がぎこちなくなることが多い。learn の意味は日本語の「学ぶ」よりもはるかに広く，その本質は「何かを知る・覚える・身につける」である。このように単語一つ取ってみてもその場面に応じていろいろな訳がつけられるのだから，諸君は learn ＝「学ぶ」という不自由な発想を捨てて，もう少しおおらかに訳を考えるようにしよう。

では最後に what 節を訳してまとめに入ろう。

what <u>can be learned</u> by comparing the meanings of these words
        V

これを見ても分かることだが，what で始まる節の場合，what の後ろは必ず「不完全な文」である（この節の場合, can be learned の主語がない）。これは，what が後ろの部分の要素として働くからだが，このことは覚えておいて損はない。ここで，what の性質をまとめておこう。

読解の原則 24

what で始まる節の特徴は，
　①**節全体は必ず名詞として働く（名詞節）**
　②**what の後ろは必ず不完全な文**
　③**「何〜か」「〜するもの」が訳の基本**

③の性質を利用すれば，ここの訳は「分かること」くらいでいいと分かる。さらに，by 以下では，comparing の目的語が the meanings であることをまず確認し，by Ving が「〜することによって」と訳せることを利用する。

訳その３− what 節の訳

「この２つの言葉の意味を比べることによって分かること」

　最後にこれをまとめて下線部の訳は完成である。

訳その４

「しかしそうする場合，我々は単にこの２つの言葉の意味を比べることによって分かることを知ろうとしているに過ぎない，ということを覚えておくことが重要だ。」

　さて，最後に問１の（ｃ）の選択肢を点検しておこう。

　まずは節の範囲の特定から。

(ア) [That he admitted committing the murder] is true.

(イ) So stubborn is he [that he is unlikely to be persuaded].

(ウ) The children [I know of] [that lived in a foreign country…] seem to have difficulty in…

(エ) She did refuse his invitation with the consciousness [that it would hurt him severely].

　それぞれの文で，節の末尾はどこにあるかを考えよう。（ア）では the murder は committing の目的語（commit の文型を知っておくこと）だから節の中に入る。（イ）は最も容易。（ウ）も that 節そのものに関しては易しい。なお，I know of の前には関係代名詞の省略がある（関係代名詞の省略は後述）。（エ）も特に悩むことはない。

　次に that 節だけを取り出して「完全」か「不完全」かを考えると，（ウ）だけが lived の主語がないので不完全と言える。つまり（ウ）の that は関係代名詞である。もちろんかかる相手は名詞だから The children である。つまり，The children には関係代名詞節が２つかかるのだ。

　では，接続詞であると分かった（ア）（イ）（エ）の節の役割を考えよう。

この３つのうち，（ア）では That 節が主節の動詞 is の主語であると考えられる。つまり，この That 節は名詞節で文の要素として働いている。（イ）（エ）はそれぞれの主節の文型を考えれば分かるように文の要素にはならない。つまり，（イ）（エ）の that 節は「副詞節」ないし「同格節」である。（エ）では直前の the consciousness に the がついていることから that 節をこれにかけることになるので「同格」と考えられる。一方，（イ）では So stubborn の so との関係に気づけば so 〜 that 構文であると分かる。なお，（イ）の文の主節は S と C の位置が入れ替わった構文である。また，（エ）で did refuse とあるのは，do ＋動詞の原形で，この場合 do は強調を示す。

各選択肢の訳

（ア）彼がその殺しを自白したのは本当だ。

（イ）彼はおよそ説得できそうにないほど頑固である。

（ウ）私の知り合いで，幼い頃外国に住んでいた子供たちは，自分の国に適応するのに苦労しているようだ。

（エ）彼女は彼を傷つけることを知りながらあえて彼の招待を断った。

(2) では，まず２つの dash（——）による挿入をとばしてから出発しよう。comma による挿入については〈読解の原則 15〉ですでに説明したが，同じことが dash にも利用できる。

It is important not to slip into the error of appropriating a meaning from some other context and applying it simplistically to morality.

上の文は挿入をとばして書いたものだが，これによって波線を引いた and のつないでいるものが明確になる。and の後ろが applying と Ving 形をしているから，前の appropriating と並ぶと分かるのである。

It is important not to slip into the error of　appropriating…

applying…

　では構文の解釈にかかろう。この部分には動詞が is 一つだから，これの文型を考えることから出発する。

It is important ［not to slip into the error…］
S V　　C

　これでこの部分までの訳は完成する。

訳その1

「間違いに陥らないようにすることが重要だ」

　ここからは error に the がついていることから，後ろの表現が error にかかると判断する（〈読解の原則 10〉）。そして，すでに and の働きを決定してあるのだから，of appropriating…と of applying…をともに error にかけていけばよいと分かる。さらに，of Ving の場合の of は多く同格で「〜という」と訳せばよいことを利用しよう。

訳その2

「他の文脈から意味を勝手に推測し，それを単純に道徳に結びつけるという間違い」

　さて，では先ほどとばしておいた挿入の部分を考えてみよう。

the idea that "goodness" is equivalent to "health", "evil" to "sickness"

　一読して "goodness" と "evil"，"health" と "sickness" に意味上の対立関係があることが分かる。これと，"health" 及び "sickness" の前に to があることに目をつけ，対応するものを縦に並べてみると，

$$\text{the idea that} \quad \begin{array}{ll} \text{"goodness" is equivalent to "health",} \\ \text{"evil"} \hspace{3.5cm} \text{to "sickness"} \end{array}$$

となる。つまり，that 以下は同じ形の反復で書かれていたのだ。そこで〈読解の原則 14〉を利用して省略を補うと，

$$\text{the idea that} \quad \begin{array}{ll} \text{"goodness" is equivalent to "health",} \\ \text{"evil"} \quad \text{(is equivalent)} \text{ to "sickness"} \end{array}$$

になる。〈be〉equivalent to ～は「～と同じである」だから，この部分の訳は「善は健康に等しく，悪は病に等しい」である。しかも，ここまでの解釈で分かったように，that 以下は要素がすべて揃った完全な文だから，that は接続詞だと言える。さらに the idea に the がついていることを考慮すれば，この that 節は接続詞なのに前にかかるもの，つまり同格の that 節だと分かる。

訳その3

「善は健康に等しく，悪は病に等しいという考え」

さて，これで挿入内部の意味関係は分かったわけだが，この部分が挿入であることに矛盾しないよう〈読解の原則 16〉に従って考える必要がある。この部分の場合，先頭にある for example がヒントになる。つまり，この挿入部分は前のどこかの具体例になっているのである。その場合，挿入部分が「～という考え」という意味になることが手がかりである。つまり，この挿入が説明しているのは何らかの「考え」を表す部分なのだ。

すると，この挿入の前に appropriating a meaning があり，この「意味を推測する」という部分は一種の「思考」を表すことが分かる。従ってこの部分と挿入が意味上同格になるわけだが，これを訳文中に適切に表すにはもうひとつ乗り越えなくてはならない障害がある。それは appropriating

…が「意味を推測する」と動詞的に訳すのに対して，今のところ the idea を「〜という考え」と名詞的に訳していることである。だが，実はこのことは英語をよく知る者ならそう苦もなく乗り越えられる。つまり，

読解の原則25

英語の名詞を和訳する場合には，必要に応じて述語表現（動詞・形容詞など）になおしてよい。

のである。英語は名詞を多用する言語である。日本人が名詞以外の述語表現（動詞・形容詞など）を使うところでも英語では名詞が使われている場合がある。ところが，私たち日本人は本質的に物事を名詞的概念で理解できるように生まれついていない。だから，英語の名詞は必要に応じて述語になおして訳さないと，日本語になったときに意味不明になることがあるのだ。この場合も the idea を「〜という考え」と訳す代わりに「〜と考える（こと）」と訳すと，意味が動詞的になって appropriating…と意味上の関係が明確になる。

訳その4－下線部全訳

「別の文脈から意味を推測して，例えば善は健康に等しく，悪は病に等しいと考えるなどして，その意味を単純に道徳に当てはめるという間違いに陥らないことが重要である。」

(3) この文の構造そのものは単純だが，not の扱いが少々デリケートである。

読解の原則26

[not＋強い形容詞・副詞]は部分否定である。その場合，「〜というわけではない」という訳を基本とする。

「部分否定」という文法項目は有名だが，多くの諸君は not always, not necessarily, not both などという表現を個々に記憶しているのではあるまいか。だとしたら，それはあまり効率のよい勉強法とは言えない。一般に，ある特定の表現だけを覚えたのではその一部を変えた表現などには応用がきかないものである。覚えるなら，できるだけ応用範囲の広い形で覚えておこう。

たいていの諸君にとって not は英語を勉強し始めて最初に出会った「否定語」であろう。従って諸君の多くが not を英語の「否定の標準」と考えるのも無理のないことである。だが，実のところ not は否定語としてそれほど強い力を持ってはいない。だから後に強い意味の形容詞や副詞が続くと，not にはそれを完全に裏返すような真似はできないのである。少々比喩的な言い方をすれば not には「気合いが足りない」のだ。

つまり，「すべて」「必ず」「確かに」「完全に」などの形容詞や副詞を「すべて違う」「完全に違う」…などのように無理やりねじ伏せる能力は not には期待できないのである。

であるからして，当然「すべて…というわけではない」「必ず…というわけではない」という言いわけがましい意味になるのである。これが not による部分否定のメカニズムである。このことは同じ副詞の否定語（never, hardly, seldom など）にもすべて当てはまる。よく，never は always の反対語だから強い否定だと誤解している人がいるが，それはあくまでも always の反対の意味を持つというだけのことであって，例えば次のような例文では never はやはり部分否定なのである。

I have never eaten all the dishes the restaurant serves.

（私はそのレストランで出される料理をすべて平らげたことは一度もない）

もちろん，すべての原則には例外があるのだから，not を使った完全否定もないわけではない。だが，例外は数の限られたものだから，それさえ覚えておけばその他は部分否定と考えてよい。そこで，not を使う完全否定の例を挙げておく。

I haven't seen either of his two treatises.

（私は彼の二つの論文のどちらも見ていない）

He is not contented with his success at all.

（彼は自分の成功に全く満足していない）

He doesn't belong to any club in this school.

（彼はこの学校のどのクラブにも入っていない）

She doesn't care in the least which team will win the game.

（彼女はどちらのチームが勝つかに全く関心がない）

The two incidents didn't remotely seem to be connected.

（その二つの出来事は全くなんの関係もないように見えた）

Not a star was to be seen in the sky.

（空には星一つ見えなかった）

　最後の例文で，Not a star における Not は star ではなく a を否定していると考えられる。a は数字の1を示し，それを否定すれば0（ゼロ）になる道理だから，No star と同じ意味になるわけだ。

　これで本文の cannot learn everything は「全てを知ることができるわけではない」と訳せることが分かった。every が強い形容詞なので，not にはそれを否定しきれないのである。

　ところで，certainly との関係はどうなるのだろう。certainly も「確かに」という強い副詞であるから，これと not が結びつけばここも部分否定，ということになるはずだが，事実はそうではない。それは，not にはもう一つの原則があるからである。

読解の原則 **27**

not は自分より後ろしか否定しない。前にある単語には，（all, both などの例外を除き）影響を及ぼさない。

　この原則に従えば，本文の certainly は not より前にあるから，その影

響を受けず，従って部分否定にはならない。

> **下線部の全訳**

「我々が全てを知ることができるわけではないのは間違いのないところである」

〈読解の原則27〉を見て，all…not, both…not など，not の方が後ろにあるのに部分否定になる例を見たことがある，という反論をする諸君もいるだろう。確かに，次のような用例では，not の方が後ろにあるのに部分否定の意味になっている。

All the students in the class were not eager to attend the school festival.

（そのクラスの生徒全員が学園祭参加に熱心だったわけではない）

Both of his parents are not alive.

（彼の両親は二人とも健在というわけではない）

実は，このような文は本来文法的には誤りであるとされている。理由はもちろん〈読解の原則27〉に違反しているからで，正しくは

Not all the students were eager to…

Not both of his parents are alive.

とすべきなのである。だが，どこの国の言語にも，本来は誤りなのに実際には使われてしまう用法というのはあるもので，all, both に関してはこのような部分否定も実際には使われている。だから諸君はこの2つだけを例外として覚えておけばよい。

68

全訳

「good（善）」と「ought（義務）」という２つの言葉の意味には密接な関連がある。このことは道徳以外の分野を考えると明らかである。しかしそうする場合，我々は単にこの２つの言葉の意味を比べることによって分かることを知ろうとしているに過ぎないということを覚えておくことが重要だ。我々が当然知っているように，この２つの言葉は多くの異なった状況で，また様々な意味で使われている。別の文脈から意味を推測して，例えば善は健康に等しく，悪は病に等しいと考えるなどして，その意味を単純に道徳に当てはめるという間違いに陥らないことが重要である。我々はこのような類推から「善」と「悪」の道徳的概念について何かを知ることはできるが，我々が全てを知ることができるわけではないのは間違いのないところである。

問の解答

問1 (a) is　(b) 本当の主語だから「名詞的用法」　(c)（ア）

問2 (a) 本当の主語だから「名詞的用法」

(b) the error of に続く。前置詞（of）の目的語だから「動名詞」

(c) "evil" is equivalent to "sickness"　(d)（エ）

(e) appropriating a meaning と「同格」

問3 (a)（ア）そのことについては何も知らない　（イ）そのことについては全てを知っているわけではない　（ウ）彼が病気でないのは確かだ　（エ）彼が病気だとは言いきれない

英文読解 ③

英文読解 ③ 問題

次の文章を読み，後の問に答えよ。

The telephone rang and Dr. Max Greitzer woke up. On the night table the clock showed fifteen minutes to eight. "Who could be calling so early?" he murmured. He picked up the phone and a woman's voice said, "Dr. Greitzer, excuse me for calling at this hour. A woman who was once dear to you has died. Liza Nestling."

"My God!"

"The funeral is today at eleven. I thought you would want to know."

"You are right. Thank you. Liza Nestling played a major role in my life. (1) May I ask whom I am speaking to?"

"It doesn't matter. Liza and I became friends after you two separated. (2) The service will be in Gutgestalt's funeral parlor. You know the address?"

"Yes, thank you."

The woman hung up.

(3) Dr. Greitzer lay still for a while. So Liza was gone. Twelve years had passed (4) since their breaking up. She had been his great love. Their affair lasted about fifteen years――no, not fifteen;thirteen. (5) The last two had been filled with so many misunderstandings and complications, with so much madness that words could not describe them. (6) The same powers that built this love destroyed it entirely. Dr. Greitzer and Liza Nestling never met again. They never wrote to one another. He hadn't even known that Liza was still in New York. (都立大)

問1 下線部（1）について，次の問に答えよ。

（a）whom I am speaking to の文法的役割を答えよ。

（b）下線部の訳として適切なものを次から一つ選び，記号で答えよ。

（ア）誰に話せばいいですか。

（イ）あなたはどなたですか。

（ウ）誰に挨拶しましょうか。

（エ）なんとお悔やみ申し上げたらよいのか分かりません。

問2 下線部（2）The service のこの文脈における同義語を本文から抜き出せ。

問3 下線部（3）について，次の問に答えよ。

（a）この文の文型を答えよ。

（b）下線部全体を和訳せよ。

問4 下線部（4）において，their の文法的役割を答えよ。

問5 下線部（5）について，次の問に答えよ。

（a）The last two の後に1語補え。

（b）that の用法が同じものを次から一つ選び，記号で答えよ。

（ア）She cut the oranges into pieces that we could eat them easily.

（イ）She cut the oranges that we had bought at the grocery store.

（ウ）She cut so many oranges that all of us could eat enough of them.

（エ）She cut many oranges saying that she really loved them.

（c）them の指すものを答えよ。

（d）下線部全体を和訳せよ。

問6 下線部（6）について，次の問に答えよ。

（a）that の用法が同じものを次から一つ選び，記号で答えよ。

（ア）She cut the oranges into pieces that we could eat them easily.

（イ）She cut the oranges that we had bought at the grocery store.

（ウ）She cut so many oranges that all of us could eat enough of them.

（エ）She cut many oranges saying that she really loved them.

（b）it の指すものを答えよ。

（c）下線部全体を和訳せよ。

英文読解 ③ 解説

(1) 例によって動詞を見つけ出しておく。

May I <u>ask</u> whom I <u>am speaking to</u> ?

　見たとおりこの文の動詞は 2 つ。従って 2 − 1 ＝ 1 だから接続詞は whom 1 つだけということになる。

May I <u>ask</u> ［whom I <u>am speaking to</u>］ ?

　これで主節の動詞は ask だと分かった。すると，ask は他動詞だから whom 以下が ask の目的語でなくてはならない。who（whom）は名詞節あるいは形容詞節（関係詞節）を作るが，この文の場合は名詞節であることがこれで導ける。そこで, 名詞節の場合の whom の訳に従って,「誰（を）に〜」とすればよい。

訳その 1 −主節の訳

「誰〜かうかがってもいいですか」

　ところで，whom の節の最後に to がついているのを疑問に思った人はいないだろうか。これは，whom という接続詞が元来持っている性質のせいである。

読解の原則 28

what/which/who（whom/whose）で始まる節は必ず不完全な文。また，関係代名詞の that，様態の as の後ろも不完全。

　英語の接続詞の中で，ここに挙げた5つだけが後ろに不完全な文を導いている。その理由は，これらの接続詞が，本来後ろにあった名詞を前に移動したものだからである。そのため，もと名詞のあった位置は空白のままとなり，不完全に見えるのである。

　このことは，接続詞・関係詞の選択を求められた場合に非常に重要な意味を持っている。ここでは，関係代名詞 which と関係副詞 where との違いを取り上げてみよう。この2つの語の使い分けに，「物が先行詞なら which，場所が先行詞なら where」と考えている諸君を多く見かけるのだが，その判断が全くのナンセンスであることを，例を使って証明してみよう。次の2つの文は「京都は私がよく訪れる町だ」という全く同じ意味になるのだが，それぞれの例文に入るべき関係詞は全く違う。

（a）Kyoto is the city（　　）I often go.
（b）Kyoto is the city（　　）I often visit.

　解答に違いが出るのは，それぞれの例文の後半の動詞 go と visit の性質の違いのせいである。承知の通り go は自動詞であるから，もともと後ろに名詞が続かない。主語 I は書いてあるのだから，（a）の例文の後半は「完全な文」になる。従ってこの（　　）には，which は（who, that も）入れることができない。その他の関係詞の中で city にかかれるものといえば **where** だけである。一方，visit は他動詞であるから，（b）の後半は目的語の欠けた「不完全な文」である。従って（b）の（　　）には〈読解の原則 28〉に示した関係詞しか入れられない。つまりここに出ていな

い where は不適である。当然（ b ）の答えは **which あるいは that** となる。

　さて，本題に戻ろう。本文で whom I am speaking to が不完全なのは，to の目的語が whom であることを示している。それを利用して whom 以下を訳し，主節に加えると次のようになる。

訳その２－全文の直訳

「誰と私が話しているのかうかがってもいいですか」

　この場面が電話でのやりとりであることを考慮すれば，結局ここでは「あなたは誰ですか」と尋ねているのと同じことだと分かる。

(2) 　英語の service と日本語のサービスの意味するところはかなり違っている。日本語ではサービスというと「おまけ」のイメージが強い。例えば，「鉄道会社のサービス」と言う時，その意味するところは，例えば乗客におしぼりが配られるといったことになるのである。だが，英語で railway service と言う場合，その意味内容は全く違っている。**英語では service は，その人・団体の行う「本来の業務」を指す**のである。鉄道会社の「本来の業務」は「鉄道を走らせること」であり，railway service とはまさにこのことを指すのであっておしぼりを配ることなどではない。

　このように，英語で service という場合，その service を行う人・団体が何であるかによって，意味がいろいろになる。そのことを無視して，service に一定の訳を与えることは不可能なのである。その意味で，service は一種代名詞的に働いていると言えなくもないのだ。

　この文の場合，その後に in…funeral parlor「葬儀屋で」とあるのが手がかりになる。葬儀屋の「本来の業務」は「葬式」であるから，この The service は The funeral を指していると言える。

(3) 　この文を見て「グライツァー氏はまだ横たわっていた」と

いう訳を真っ先に思いついてしまう，という人はそうとう重症である。そういう人は，「still＝まだ」という意味だけを記憶しているのだろうが，英語では語の位置を無視して，意味だけを与えてしまうのは最も危険である。たしかに副詞の still には「まだ」という意味があるが，その場合，still は必ず動詞より前にある（be 動詞の時は，普通後ろにくる）。この文では，lay という動詞の次に still があるのだから，その位置だけからでも，少なくともこの still は副詞ではない，ということには気づかなくてはならない。話が前後してしまったが，still の意味を考える前に，まず動詞を確認しておこう。

Dr. Greitzer lay still for a while.

この lay という動詞，なかなかのくせ者である。下の表を見てみよう。

現在	過去	Vp.p	Ving	種類	意味
lie	lay	lain	lying	自動詞	ある（横たわる）
lay	laid	laid	laying	他動詞	置く（横たえる）

　この表によって分かるように，lay とつづる語には2種類ある。この判別は重要である。というのは，どちらの lay であるかによって，自動詞・他動詞という動詞の基本的な区別が変わってくるからである。本文の場合，判別の根拠は，文章全体の時制にある。本文は，会話の部分を除いてすべて過去形の動詞で書かれている。従って，この部分も動詞は過去形であると言える。過去形で lay とつづるのは，自動詞 lie である。
　そこで still に戻ろう。先ほど説明したように，この still はその位置からして副詞ではない。辞書を引いてみれば分かることだが，still には副詞のほかに形容詞もあって，その場合意味は「じっとして」である。そこでこの still を形容詞と考えてみることにしよう。形容詞の働きは次の原則

に従う。

読解の原則 **29**

形容詞の働きは2つ。
①前，あるいは後ろの名詞にかかる
②動詞のCになる

　本文の場合，①の働きをさせようにも，前にも後ろにも名詞はない。そこでこの still は必然的に②の働き，つまり lie の補語になっていると結論することになる。

Dr. Greitzer lay still for a while.
　　S　　V　C

　こうして still の用法を考えたことにより，この動詞 lie が S + V + C 文型をとっていることが分かった。lie は S + V 文型では「横たわる・ある」だが，S + V + C 文型では「C（のままで）ある・いる」と訳すのが正しい。このように，動詞の意味は，後続の語句の働きと密接に関係しているので，始めに文型を正しく把握するという作業をすることが，意味を正確に理解するためには必要不可欠なのである。

読解の原則 **30**

動詞の意味は，後続の語句の用法から文型を判断することによって決まる。

下線部3の訳
「グライツァー氏はしばらくの間じっとしていた」

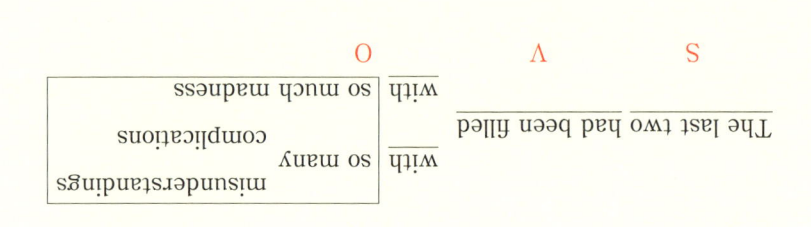

(4) これは前にやったことの復習である。まずは, since…
breaking が前置詞＋名詞の形でつながっていることを確認する。すると,
breaking は動名詞だということになるから, その前にある所有格は動名
詞の意味上の主語であると考える（〈読解の原則 19〉）。break up は「こ
われる・分かれる」であるから, この文脈で「分かれた」ものは何と何で
あるかを考えればよい。

(5) まずは〈読解の原則 2〉に従って全体の構文を図解してみ
よう。

$$\underset{S}{\underline{\text{The last two}}} \quad \underset{V}{\underline{\text{had been filled}}} \quad \begin{array}{|l|l|} \hline \text{with} & \text{so many} \begin{array}{l} \text{misunderstandings} \\ \text{complications} \end{array} \\ \hline \text{with} & \text{so much madness} \\ \hline \end{array}$$

$$\underset{S}{\underline{\text{that}} \, \underline{\text{words}}} \quad \underset{V}{\underline{\text{could not describe}}} \quad \underset{O}{\underline{\text{them}}}.$$

　例によって「同じ形の反復」を利用して並列の関係を作っておく。特に,
2つの with…を並列させることが重要である。この2つの間には, 等位
接続詞は存在しないが, with so many（much）…という表現は, 見比べ
てみればほぼ同じ形であることが分かるだろう。こういう場合は, 等位接
続詞はなくても並列させておくのが正しい。

　また, 上の図でも明らかなように, この文には動詞が2つ（had been
filled with と could not describe）あるから, 接続詞は当然1つあって,
それは that であると分かる。従って, 主節は had been filled with の方で
ある（〈読解の原則4〉）。さらに, 今指摘した that は, 後ろの describe

という動詞の必要とする要素（describe は S + V + O）が揃っている「完全な文」が続くので接続詞である。

　では，主節の文の要素を確認しよう。まず，had been filled with としていることに疑問のある人もいるだろうが，これは be filled with という熟語を全体で動詞と考えた方が実用的だからである。確かに，文法学上は had been filled が受け身の動詞で，with 以下は副詞句なのだが，そういう分析をしても実用上は何の役にもたたない。無意味なことを考えるのは頭のムダ使いである。そこで，これを前提とすると主節に必要な要素は主語と with の目的語ということになる。主語は The last two（この段階では意味はどうでもよい），with は 2 つあるから目的語は misunderstandings and complications と madness である。

　これで，この文の that 節は文の要素にならない，つまり M（形容詞あるいは副詞）であることが分かった。ただし，先ほど証明しておいたようにこの that は接続詞だから，形容詞にはならない（that 節が形容詞になるのは that が関係代名詞の場合だけ）。とすれば必然的に，この that 節は副詞節，あるいは前にも出てきた同格節である。ここまでしぼれれば，あとは with の後にある so との関連性に気づくのはたやすいだろう。つまり，ここには so 〜 that 構文があるのだ。

　こういう説明をすると，「そんなことしなくても so と that があるんだから最初から so 〜 that 構文だということは分かるよ」という人がいるかも知れない。だが，単に so, that という 2 つの単語から，その働きを無視して無秩序に構文を結びつけようとするのはきわめて危険な発想なのである。例えば，次のような英文を見てもらいたい。

There was so much that was left unsaid in his story.

　この文には確かに so も that も使われているが，結論から言えばこれは so 〜 that 構文ではない。それは that 以下を点検してみればすぐに分かる

ことである。that 以下の動詞 was left には主語がない（that 自身が主語）のだから，that は関係代名詞である。so～that 構文では that が副詞節を作る接続詞であることが必要条件であり，この文ではその条件が満たされていない。that を関係代名詞として訳せば，この文は**「彼の話の中には，隠されたことがたくさんあった」**となる。

　また，so～that 構文の訳し方にも注意が必要である。この構文は一般に「とても～なので…」と訳せばよいと思われているのだが，実はこの訳はこの構文の本当の意味ではない。たまたまその訳でも意味が通じる場合が多いというだけに過ぎないのだ。この構文の本来の意味は「…するほど～」である。このことを正しく理解していないと，次のような選択問題では正解することができない。

The fruit is not so fresh that you（can/cannot）eat it.

　この文を「この果物はとても新鮮ではないので…」と訳してしまうと，当然それに続けて「食べられない」が来ると錯覚してしまう。だが，この文の正しい訳は**「この果物は食べ（られる・られない）ほど新鮮ではない」**である。「食べられないほど新鮮」などという表現がないことは一目瞭然だから，正解は can である。

　ここで，so～that 構文についての知識を整理しておこう。

読解の原則 **31**

so～that 構文の特徴：
- ① that は接続詞
- ② that 節は副詞節でM
- ③「…するほど～」と訳す

　そこで，ここまでで分かった構文に従って，（5）の訳の骨格を組み立ててみよう。

訳その１

「The last two は words が them を説明できないほど多くの misunderstandings と complications, madness でいっぱいだった」

では、それぞれの要素の和訳を入れていこう。最初は、単語の意味をそのまま当てはめればすむ words, misunderstandings, complications, madness から。

訳その２

「The last two は言葉で them を説明できないほど多くの誤解ともめ事、狂気の沙汰でいっぱいだった」

次に The last two である。two の後には１語省略があることは問の指示からも明らかである。だが、この場面の文脈上からここに省略される語を考えることは、（たとえ答えが結果的に一致したとしても）やってはいけないまずい手である。〈読解の原則14〉で説明した通り、英語の省略は「同じ形の反復」からしか起こらないから、前で同じ形をしたものを探す、という手続きをきちんと踏まなくてはならない。だが、単に「同じ形をしたもの」といっても、手がかりがなくては探しようがない。そこで、次のように考えてみると効率的である。

読解の原則 _32_

省略があることがはっきりしている場合、その直前にある語と意味上「同類」になる言葉を探す。

本文でこの原則を説明してみよう。The last two の後に省略があるのだから、省略の直前にある語は two という「数字」である。そこで、two の「同類」を探すのだが、探す対象は別に two そのものである必要はない。「同類」でありさえすればよいのだから、「数字」なら何でもよいのである。すると、少し前に fifteen years という記述があることに気づく。fifteen

は「数字」であるから，その直後に続く years が two の後にも省略されていると分かるわけだ。

訳その３

「最後の２年間は言葉で them を説明できないほど多くの誤解ともめ事，狂気の沙汰で一杯だった」

　最後に them が指すものである。them が複数を受けるという文法情報から考えると，them が指せるものは the last two years あるいは misunderstandings, complications, madness のどちらかである。だが，（訳その３）を見れば分かるように「言葉で them を説明できないほど」の部分は「多くの誤解やもめ事，狂気の沙汰」の説明なのだから，当然 them も「誤解やもめ事，狂気の沙汰」を指していなくてはならない。そして，訳す上では，同じことを２度は言わないのが日本語の特徴であることを考慮して，「them を」の部分は削除してしまおう。

訳その４－下線部全訳

「最後の２年間は言葉で説明できないほど多くの誤解ともめ事，狂気の沙汰で一杯だった」

(6) 👉 まずは構文の解析。

The same powers <u>that</u> <u>built</u> this love <u>destroyed</u> it entirely.
　　　　　　　　　　　V　　　　　　　　　V

　動詞が２つあるので接続詞は１つ（that）。次に節の範囲を特定しよう。〈読解の原則６・７〉に従うこと。

The same powers ［<u>that</u> <u>built</u> this love］ <u>destroyed</u> it entirely.
　　　　　　　　　　　　V　　　　　　　　　V

これで，that 節の範囲が特定できた。そして，built が that 節中の動詞であることから，主節の動詞は destroyed であることも分かった。

続いて，主節の文型である。

The same powers ［that built this love］ destroyed it entirely.
　　　　　　　　S　　　　　　　　　　　　　　　　V　　　O

これで主節の訳ができる。

訳その１－主節
「同じ力が it を完全に壊した」

さて，that 節である。that 節の動詞 built には主語がないから，that は関係代名詞である。そこで，the same powers に向かってこの部分をかけて訳す。

訳その２
「この愛を生み出したのと同じ力が it を完全に壊した」

さて，では it はいったい何を指しているのだろうか。もう一度，文中の２つの動詞，built と destroyed に注目してみよう。この２つの動詞がいわゆる「反意語」であることに気づいたであろうか。「反意語」はお互いに対応する語だから，これも一種の「同じ形の反復」になる。そこで，この２つの表現を書き並べてみよう。

　　built　　　　this love
　　　V　　　　　　　O
　destroyed　　　　it

こうしてみると，it はちょうど目的語として上の this love に対応する位置にあると分かる。そこで次の原則が利用できる。

読解の原則 33

同じ形の反復で対応する位置にある語句は，互いに対応する意味をもつ。

これで it = this love であると分かった。

訳その３－下線部全訳

「この愛を生み出したのと同じ力がこの愛を完全に壊した」

最後に，問５，６に共通の that 節の選択肢を点検し，that の用法を確認しておこう。

(ア)

She cut the oranges into pieces [that we could eat them easily] .
　　S　V　　　O　　　　　　　M　S　　V　　　O

上の図の通り，動詞は２つで接続詞に当たるのは that １つである。まず，主節 cut はＳ＋Ｖ＋Ｏだが，that 節を含まずに要素はすべて揃う。そこでこの that 節はＭである。

一方，that 節の動詞 eat もＳ＋Ｖ＋Ｏだが，その要素は揃っているので，この節は「完全な文」，すなわち that は接続詞であるから that 節は副詞節，あるいは同格節である。もしこの節が同格なら，節の内容は前にある名詞 pieces あるいは oranges と同じでなくてはならないが，そうでないことはすぐに分かるはずで，従ってこの that 節は副詞節でなくてはならない。

では，副詞節の that にはどんな意味があるのか，整理してみよう。

読解の原則 34

副詞節の that 節には4つの可能性がある。
① so（such）〜 that 構文
②感情の原因 ┐
③判断の根拠 ┘ ←直前に「感情」「判断」
④目的（so that という接続詞の so が省略されたもの）

　このうち，①では，前に so あるいは such がなくてはならない。②③は
それぞれ直前に「感情」「判断」を示す述語がなくてはならない，という
条件がつく。（ア）の文の場合，この条件のどれにも当てはまらないから，
④を選ぶしかないことになる。

アの訳

「彼女は食べやすいようにみかんを切ってくれた」

（イ）

She cut the oranges ［that we had bought at the grocery store］.
　S　V　　　O　　　M　　S　　　V

　上図の通り，主節 cut の要素はやはり揃っているから that 節はMである。
that 節中の動詞 buy はS＋V＋Oだが，Oが欠けていることは一目で分
かるはず。従ってこの that 節は関係代名詞節（形容詞節）である。

イの訳

「彼女は我々が食料品店で買ったみかんを切った」

（ウ）

She cut so many oranges
S　V　　　　O

　　　　　　　［that all of us could eat enough of them］．
　　　　　　　　M　　S　　　　V　　　　O

　上図の通り，主節 cut の要素は揃っており，また that 節内の動詞 eat
の要素も揃っているから，この that 節はMでしかも that は接続詞。副詞
節か同格節になる。さらに that 節が oranges の内容でないのは明らかだ
から，同格節は除外でき，副詞節と分かる。〈読解の原則 34〉に従って意
味を決めると，前に so があることから，so 〜 that 構文であると分かる。

> **ウの訳**

「彼女は我々が皆充分に食べられるほど多くのみかんを切った」

（エ）

She cut many oranges ［saying ［that she really loved them］］．
S　V　　　O　　　　　M　　　　　S　　　　V　　　O

　that 節の動詞 love は S ＋ V ＋ O だが，要素はすべて揃っているので
that は接続詞。主節の動詞 cut の要素も saying より前で揃うので，
saying 以下は M である。ただし，これは saying の ing が，形容詞的分詞・
分詞構文のいずれかであることを示すだけで，that 節が M だと言ってい
るのではないことに注意しよう。Ving 形でも動詞の文型は働くので，
that 節の役割は say の文型に従って決めなくてはならない。say は S ＋ V
＋ O だから目的語が必要で，それが that 節だと考える他はない。従って
この that 節は名詞節である。

　ちなみに，saying 以下は前の名詞 oranges にかかっているはずはない
ので，形容詞にはなれない。つまりこの saying は副詞で，Ving の副詞用
法を分詞構文と言うのだからその用法に従って訳すとよい。

読解の原則 *35*

Ving・Vp.p の副詞的用法を分詞構文という。その意味は
①時 ②理由 ③条件 ④譲歩 ⑤付帯状況
のいずれかである。

英文読解
③

エの訳

「彼女は，私本当にみかんに目がないの，と言いながらみかんを切った」

全訳

　電話が鳴ってマックス・グライツァー博士は目を覚ました。ナイトテーブルの上の時計は7時45分を指していた。「こんな時間にいったい誰だろう」彼は呟いた。受話器をとると，女性の声だった。「グライツァー先生，こんな時間に申し訳ありません。先生が昔愛した方がお亡くなりになったんです。リサ・ネスリングさんです。」

「何ですって」

「葬儀は今日11時から執り行われます。おそらくお知りになりたいだろうと思いまして。」

「もちろん。ありがとうございます。リサは私の人生にとって大きな意味を持った人でした。ところで，あなたはどちら様でしょう。」

「そんなことはどうでもよいことですわ。私がリサと知り合ったのはあなたがたが離婚なさった後ですもの。葬儀はグツェスタルト葬儀場でありますの。場所はお分かりですか。」

「ええ，分かります。」

　電話は切れた。

　グライツァー氏はしばらく身じろぎもしなかった。もうリサはいないのだ。離婚してから12年の時が流れていた。彼女は，彼がとても愛した女であった。彼らの愛は15年続いた。いや，15年ではない，13年だ。最後の2年間は，とても言葉では言い表せないほどの誤解や，もめ事，狂気の沙汰の連続だった。二人の愛を生み出したその同じ力が，その愛を完全に打ち砕いたのだ。その後二人が会うことはなかった。手紙さえも交わさずにいた。だから，彼はリサがまだニューヨークにいたことさえ知らなかったのだ。

問の解答

問1 (a) 名詞節で ask の目的語　(b) イ

問2 The funeral

問3 (a) S + V + C

問4 breaking の意味上の主語

問5 (a) years　(b)（ウ）

(c) many misunderstandings and complications, much madness

問6 (a)（イ）　(b) this love

英文読解 ④

英文読解 4 問題

次の文章を読み，後の問に答えよ。

　The quiet life of the country has never appealed to me. (1) City born and city bred, I have always regarded the country as something you look at through a train window, or something you occasionally visit during the weekend. Most of my friends live in the city, yet they always become extremely delighted (2) at the mere mention of the country. Though they praise the virtues of the peaceful life, only one of them has ever gone to live in the country and he was back in town within six months. Even he still lives under (3) the illusion that country life is somehow superior to town life. He is forever talking (4) about the friendly people, the clean atmosphere, the closeness to nature and the gentle pace of living. (5) Nothing can be compared, he maintains, with the first cock crow, the twittering of birds at dawn, the sight of the rising sun shining on the trees and pastures. This pleasant country scene is only part of the picture. My friend fails to mention the long and friendless winter evenings which are interrupted only by an occasional visit to the local cinema —— virtually the only form of entertainment. (6) He says nothing about the poor selection of goods in the shops, or about those unfortunate people who have to travel from the country to the city every day to get to work. (7) Why people are willing to tolerate a four-hour journey each day for the questionable privilege of living in the country is beyond my ken. (8) They could be saved so much misery and expense if they chose to live in the city where they rightly belong.

(明治・法)

問1 下線部（1）について，次の問に答えよ。

（a）City born and city bred の文法的役割を答えよ。

（b）この文には接続詞あるいは関係詞が省略されている（一つとは限らない）。省略されている部分の前後のそれぞれ2語ずつを答えよ。

（c）have…regarded という動詞は，文中のある語と連語の関係にある。その語を抜き出せ。

（d）文中にある or は，何と何をつないでいるか。抜き出して答えよ。

（e）下線部全体を和訳せよ。

問2 下線部（2）について，次の問に答えよ。

（a）この of と同じ用法の of を次から一つだけ選び，記号で答えよ。

（ア）With the passage of time, a man changes not only in appearance but also in character.

（イ）It is of importance that a child should be brought up by his own parents.

（ウ）We were surprised at the fact of his quick recovery from illness.

（エ）His invention of a new machine was quite surprising.

（b）下線部全体を和訳せよ。

問3 下線部（3）について，次の問に答えよ。

（a）the illusion の the と同じ用法の the を次から一つ選び，記号で答えよ。

（ア）He was born in the United States of America.

（イ）I have two sons and three daughters. Two of them like swimming, but the others don't.

（ウ）I have all spent the money he gave me last Monday.

（エ）There is a book. The book is mine.

（b）この that と同じ用法の that を次から一つ選び，記号で答えよ。

（ア）The suggestion that I made was turned down immediately.

（イ）His suggestion that we should wait for her there was turned down immediately.

（ウ）We were so much impressed by his suggestion that we immediately accepted it.

（エ）It is a good suggestion that we should study English grammar in reading English.

（ c ）下線部全体を和訳せよ。

問4　下線部（4）about の目的語をあるだけ指摘せよ。

問5　下線部（5）について，次の問に答えよ。

（ a ）be compared は，文中のある語と連語を作っている。その語を答えよ。

（ b ）with の目的語をあるだけ指摘せよ。

（ c ）the twittering of birds の of と同じ用法の of を，次から一つ選び，記号で答えよ。

（ア）With the passage of time, a man changes not only in appearance but also in character.

（イ）It is of importance that a child should be brought up by his own parents.

（ウ）We were surprised at the fact of his quick recovery from illness.

（エ）His invention of a new machine was quite surprising.

（ d ）the rising sun shining…について，次の問に答えよ。

（ア）rising の文法的役割を答えよ。

（イ）shining の文法的役割を答えよ。

（ウ）the rising sun の文法的役割を答えよ。

（ e ）下線部全体を和訳せよ。

問6　下線部（6）について，次の問に答えよ。

（ a ）or は何と何をつないでいるか。抜き出して答えよ。

（ b ）to get to work の文法的役割を答えよ。

（c）下線部全体を和訳せよ。

問7　下線部（7）について，次の問に答えよ。

（a）この文の全体の主語は何か。抜き出して答えよ。ただし，3語以上になる場合は最初と最後の1語ずつを答えよ。

（b）for the questionable privilege の for と同じ用法の for を次から一つ選び，記号で答えよ。

　（ア）I have paid three thousand yen for the book.

　（イ）He started for New York last week.

　（ウ）I sold my car, for I wanted to save some money.

　（エ）I bought an ice for my daughter.

（c）下線部全体を和訳せよ。

問8　下線部（8）について，次の問に答えよ。

（a）so much misery and expense の文法的役割は何か。

（b）この文は過去形で書かれているが，それはなぜか。簡潔に説明せよ。

（c）belong が現在形になっているのはなぜか。

（d）where they…belong の文法的役割を答えよ。

（e）下線部全体を和訳せよ。

英文読解 ④ 解説

(1) まずは〈読解の原則2〉に従って整理した形を図示する。

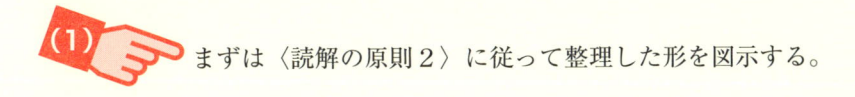

```
┌ City born
│ and
└ city bred,
  I have always regarded the country
                    ┌ something you look at…
              as    │ or
                    └ something you …visit…
```

　2つの等位接続詞がつなぐものは分かりやすかったはずである。or の方は位置的にはかなり離れたもの同士をつないでいるが，直後にある something と同じ単語が前にもあるので簡単に見つけることができる。

　問題は，動詞の数と接続詞の関係である。〈読解の原則5〉によれば，この文中には動詞が3つあることから当然接続詞は2つなくてはならない。だが，一見したところでは接続詞は見あたらないのである。このような場合，次の原則の中から当てはまるものを見つけることになる。

読解の原則 **36**

文中の接続詞が不足しているように見える場合，以下の5つの可能性を考える。
　① 等位接続詞が2つの［S＋V］をつないでいる
　② 関係代名詞の省略がある

③ 関係副詞の省略がある
④ 思考・発言の動詞の直後に接続詞の that の省略がある
⑤ the moment, immediately, once, everytime などが接続詞である

では，本文でそれぞれの可能性を検討してみよう。

この文中に等位接続詞は2つあるが，どちらも［S＋V］をつないでいるわけではない。City born and city bred の方は前後にあるのは Vp.p だから分かりやすい。迷うとすれば or の方だろう。この or が［S＋V］をつないでいるとすれば or の直後の something は動詞の主語のはずだが，visit の主語が something ではおかしいと分かる。だから①の可能性はない。

次に④はどうだろうか。この文中には regard という「思考」の動詞が使われている。仮にこの直後に that が抜けているのだとすると次の the country が主語になるはずだが，後続の look at, visit どちらの主語としても the country は不適切である。つまり，これもダメなのだ。

さらに⑤に当てはまるような語句はこの文中には出てこない。なお，as があるじゃないかという人に言っておくと，この部分は regard A as B という熟語（詳細は後述）であり，その際 as は前置詞なので，接続詞とすることはできない。

こうして詰めてくると，この文に残された可能性は②か③ということになる。実は，**文中の接続詞が不足しているように見える場合，多くは関係詞の省略**である。今回ははじめてなので，一つ一つ考えてみたが，実際の問題に当たる時はまず②か③を考えてみるのが実戦的といえよう。

では，関係詞はどのようなところに省略されるのだろうか。

読解の原則 **37**

関係代名詞の省略は次の３つの条件によって見つける。
① **名詞が２つ並ぶ**
② **２つめの名詞が次の動詞の主語**
③ **動詞以下の部分の目的語がない「不完全な文」**

読解の原則 **38**

関係副詞の省略は次の４つの条件によって見つける。
①**名詞が２つ並ぶ**
②**２つめの名詞が次の動詞の主語**
③**動詞以下の部分が「完全な文」**
④**１つめの名詞が「場所」「時」を表すか,「理由（reason）」**

　省略されているのが関係代名詞なのか関係副詞なのかを判別するポイントは③にある。こういう違いが出てくる理由については前章（P.74）に詳しいので，見落としている人はもう一度読みなおしておくこと。

　関係詞が省略されているかどうかを考える場合，まず最初にすべきは①の条件，つまり，「名詞が２つ並ぶ」ところがあるかどうかを探すことである。本文には次のようなところがある。

　…something you look at through a train window…
　　　　名詞　　名詞

では，②の条件「２つめの名詞が動詞の主語」はどうだろうか。

　…something you look at through a train window…
　　　　　　　S　　V

このように，並んだ名詞のうちの２つめのもの you が，look at の主語だと考えることができる。

そこでいよいよ③である。これで，関係代名詞と関係副詞が選択されるのだ。ただし，一つ断っておくが③の条件を勘違いしてはいけない。ここで言う「目的語がない」は，「目的語が**必要なのに**ない」ということである。例えば自動詞のように，最初から目的語を必要としないものは除外される。

 …something <u>you</u> <u>look at</u> through a train window…
      S V O←ない

本文の場合，look at は他動詞で目的語が必要である。これが前提。ところが，後ろの through a window は，「前置詞＋名詞」なので文の要素にはなれない。ということはここの look at の目的語はないのであり，〈読解の原則37〉に一致するので関係代名詞の省略があることになる。省略されているのは条件①で見つけた２つの名詞の間である。

 …something（**関係代名詞**）<u>you</u> <u>look at</u> through a train window…

これと全く同じことが，もう１つの something の後でも起こっている。このことは，等位接続詞の前後に同じ形のものが来ることをしっかり認識できた人には容易に推測できるはずだ。

      S V O←ない
 …something you … visit during the weekend.
  名詞 名詞 他動詞   前置詞＋名詞

visit が他動詞であることを正しく使えば，ここにも関係代名詞の省略があると分かる。

…something（関係代名詞）<u>you</u> … <u>visit</u> during the weekend.

　これで，この文中に必要な2つの接続詞が見つかった。すなわち，主節の動詞も have…regarded であると分かったことになる。そこで，次に進むとしよう。regarded 以下はまた後で説明するとして，まずは文の前半に注目してもらおう。

City born and city bred, I <u>have always regarded</u>…
　　　　　　　　　　　　 S　　　　　　V

　この主節の主語がⅠであることは言うまでもない。では，主語より前の部分，City born and city bred の役割は何だろうか。これを決めるのには，次の原則が非常に有効である。

読解の原則 **39**

全ての英文において，主節の主語よりも前は全体で必ず「副詞」になる。（例外は〈読解の原則 41〉参照）

　これを証明するのは簡単である。まずは次のような文の構造を思い浮かべてほしい。

　　　　　　　　　 S + V…

　主語よりも前には文の要素がないことは明らかだから　　　　　　　の部分は必ずMになる。

　　　 M　　　　 S + V…

　ところで，前にも書いたようにMは必ず形容詞か副詞に分類されるが，形容詞の場合，「前にある名詞にかかる」のがその役割であった。だが，この文の場合，Mよりも前には何も書かれていないのだから，かけたくもかけられない，つまりこのMは形容詞にはなれないのである。すると，このMは自動的に「副詞」ということになる。以上証明終わりである。

これで，City born and city bred が副詞であることが分かった。Vp.p
の副詞的用法も分詞構文という（〈読解の原則35〉）ので，この部分は分
詞構文の接続の仕方に従って訳せばよいのである。

訳その１－主節前半

「都会生まれの都会育ち（　　　），私は常々…思っていた」

上の訳で，「都会生まれの都会育ち（　　　）」となっている空白の部分に
分詞構文のつながりが入る。分詞構文のつながり方は，主節との論理関係
で決まるので，主節の意味が出ていない今はまだ，この空白を埋めること
はできない。後ほど主節後半の意味が分かってから埋めることにする。

主節の後半を考える前に，〈読解の原則39〉の補足説明をしておこう。
囲みの中に指摘されているように，この原則には例外がある。それはどの
ような場合なのだろうか。次の英文を見てもらおう。

Whether he is still alive or not I don't know.

まずは全体を把握して主節を決定する。

Whether he is still alive or not I don't know.
　　　　　　V　　　　　　　　　　　　　V

見ての通り，動詞は２つで接続詞は Whether １つ，つまり主節の動詞
は don't know である。主節の主語は I であることはすぐ分かるから，〈読
解の原則39〉に従えば，Whether 以下は「副詞」ということになりそう
だが，実はそうではない。まずは，主節に当てはまる次の原則を考えなく
てはならないのだ。

読解の原則40

主節は必ず完全な文である。必要な要素は必ずすべて揃っている。

　この原則に従おうとすると，この文には一つ重大な問題があることに気づくはずだ。それは，他動詞である know の目的語が後ろにない，ということである。あわてものの諸君は「じゃあ関係代名詞の省略」などと考えるのだが，そうはいかない。先ほども書いたように，この文の動詞は２つで，すでに接続詞は Whether が見つかっている。ということは，この文にはこれ以上接続詞・関係詞はあるはずがないので，関係代名詞の省略は考えられない。ということは，どうあっても know には目的語がなくてはならないのである。何度見直しても know の後にはピリオドしかないのだから，後ろに目的語があるはずはない。

　そこで考えられるのは，Whether 以下は実は「名詞」で，know の目的語だ，という結論である。このように目的語や補語が文頭に出ることは，それほど珍しいことではない。とすると，whether は「名詞節」の場合「〜かどうか」と訳すから，この文は「**彼がまだ生きているかどうか私は知らない**」になる。

読解の原則41

主節の動詞の後ろが不完全に見える場合，必要な要素は主語よりも前にある。その場合，〈読解の原則39〉は適用されない。

　ではいよいよ主節後半の解釈に進もう。

$$\cdots \text{I have} \cdots \text{regarded the country as} \quad \begin{array}{l} \text{something　[関係詞節①]} \\ \text{something　[関係詞節②]} \end{array}$$

この部分を解釈する上で最も重要なのは，前置詞 as の解釈である。これは動詞 regard とともに，regard A as B という連語を作るのだが，その意味をどう解釈すべきかしっかり理解しておいてほしい。というのは，一般に前置詞 as の訳は「〜として」であるという，あまり適切でない思い込みが根強いからである。

読解の原則42

前置詞 as の基本的な意味はイコールである。A as B という形においては「AはBだ」と解釈するのが正しい。

この原則に従えば，regard A as B の訳は「AはBだと思う」になる。よく言われている「BとしてAをみなす」という訳は，誤りとまでは言わないにしても，日本語として不自然で分かりにくいため，避けるべきである。そこで，「AはBだと思う」という訳を利用して，主節後半を訳出してみよう。

訳その2－主節後半の訳その1

「私は常々 the country は something あるいは something だと思っていた」

あとは，the country と2つの something の意味を入れてやるだけである。the country は，本文では the city との対比で使われているのだから，「田舎」とすべきである。something の訳には少し注意が必要である。諸君の中には something =「もの」という固定した訳しか考えつかない人がいるが，そういう思い込みは百害あって一利なしである。**文章の中で単語が使われている以上，そこでの論理関係から訳語を決定しないとなかなかこなれた訳にはできない。**本文の場合，ここで利用すべき論理関係は the country = something である。前置詞 as の意味からこの関係が成り立つことはすでに説明した通りだが，これを利用すれば something は the country とイコールでつながる同類であると考えられる。「田舎」は場所であるから，当然それとイコールでつながる something も「場所」を意味しなくてはならない。そこで，2つの something にそれぞれ［関係詞節①］［関係詞節②］の意味をつけ加えて「①なところ」「②なところ」とすればよい。

> **訳その３－主節後半の訳その２**

「私は常々田舎は列車の窓から眺めるところ，あるいは週末にときどき行くところだと思っていた」

さて，最後に先ほど途中でやめておいた分詞構文の解釈をしておこう。まずは（訳その１）と（訳その３）を合体してみる。すると「都会生まれの都会育ち（　　），私は常々，田舎は列車の窓から眺めるところ，あるいは週末にときどき行くところだと思っていた」となるから，後は〈読解の原則 35〉に従って，適切な論理関係を選ぼう。本文の場合，「理由」が最適である。

> **訳その４－下線部全訳**

「都会生まれの都会育ちなので，私は常々，田舎は列車の窓から眺めるところ，あるいは週末にときどき行くところだと思っていた」

(2) （2）は文の一部だけの解釈を求めている。まずはこの部分の文法構造から示しておこう。

… at　　the mere mention　of　　the country
前置詞　＋　　名詞　　　前置詞　＋　　名詞

文法的には取り立てて変わったところはない。2組の前置詞＋名詞が連なっているだけのことである。だが，訳す場合には，ある操作をしてやらないと自然な日本語になりにくい。その操作とは，次の原則に基づいて

行われるものである。

読解の原則43

意味上，動詞になれる名詞を日本語訳する場合，その名詞の動詞形が取る文型を考え，それと同じ関係になる語句を探す。

　名詞を和訳するときに動詞化する方がよいことは〈読解の原則25〉で述べた通りである。ここで注目したいのは，動詞化することで，前後の語句をその動詞の文型に従って整理できるということだ。

　その代表的な例が前置詞 of の使い方である。of は，「～の」と訳すものだと思われていることが多いが，実はそれ以外にもいくつかの使われ方をする。その使われ方を特定するのには，名詞を動詞化して訳す，という発想が必要不可欠なのである。

読解の原則44

A of B という形で of の前後に名詞がある場合，次の方法で of の意味を特定できる。
　①名詞Ａが動詞化できる場合，「ＢがＡする」「Ｂを（に）
　**　Ａする」のいずれかで訳す**
　②名詞Ｂが動詞化できる場合，「ＢというＡ」と訳す

　本来 of は「格を示す前置詞」と呼ばれる。つまり，諸君がよく知っている所有格だけではなく，主格・目的格・同格，という「格」を表す意味ならどれにでもなれるのだ。そこで，of がどの「格」の意味なのかを特定することが必要になるのだが，その手がかりとして「名詞を動詞化する」という作業が役にたつ。その基準は上に示した通りである。

　この文の場合，of より前にある名詞 mention が動詞化できるのだから，①によりこの of は主格・目的格のどちらかであると分かる。しかも

mention は他動詞だから，あるいは動詞の場合の意味を考えるだけでも，目的語に当たるものが必要だということも分かるはずである。そこで後ろの of を「目的格」ととり，the country が mention の目的語になるような訳をすればよいことになる。

下線部の訳

「田舎のことを話題にしただけで」

　ここで，問２（ａ）の各選択肢での of の使われ方を検討しておこう。

（ア） of の前の passage が pass と動詞化できることに注意。pass は「経つ」だから，ここでは一体「何が」経つのかが問題。つまりこの of は主格となる。「（和訳）**時が経つにつれて，人は姿形だけでなく性格も変わっていく**」

（イ） これは知識問題。［of ＋ 抽象名詞 ＝ 形容詞］は有名なルールである。この場合，of ＋ importance＝important となる。「（和訳）**子供は実の親の手で育てられることが重要だ**」

（ウ） of の後にある recovery が recover と動詞化できることに注意。後ろの名詞が動詞化できる場合，of は普通同格だから，「～という」という表現でつなぐ。「（和訳）**われわれは彼がすぐに病気から立ち直ったという事実に驚いた**」

（エ） of の前の invention が invent と動詞化できることに注意。しかも invent は他動詞だから「何を」発明したかが重要。従ってこの of は目的格になる。つまり，選ぶべき選択肢はこれである。「（和訳）**彼が新しい機械を発明したのは驚きだ**」

(3) 下線部は文の一部であるが，まずは文全体の文法構造を解

読することから入ろう。

　…he still lives

　under the illusion［that country life is…superior to town life］．

　上の通り，動詞が２つで接続詞が that である。主節は live の方だが，これは自動詞でＣもとらないため，lives より後ろはＭである。illusion ははじめて出てきた単語だから，それにつく the は〈読解の原則 10〉で述べた「予告の the」であり，従って that 以下は illusion にかけなくてはならない。だが，一方 that 以下は be 動詞の要素がすべて揃っている（country life がＳ，superior がＣ）ので，この that は接続詞であって関係代名詞ではない。接続詞の that による節のうち，前の名詞にかかるものを「同格」と言うのだから，それに従って訳すことになる。なお，that 節の中の〈be〉superior to…は「〜より優れている」という熟語である。

下線部３の訳

「田舎暮らしの方が都会の生活よりすぐれているという幻想」

　続いて，各問の選択肢の要点を解説する。

(a) the の判別

（ア）固有名詞につく the の一つ。固有名詞のうち，複数のものの集まりを表すものには普通 the がつく。この場合，Japan のようなもともと一つの国には the はつかないが，アメリカ合衆国のような連邦形式の国には the がつくのだ。他にも，例えば「山」には the がつかない（Mt. Fuji など）が，「山脈」には the がつく（the Alps など）などは同じ用例である。

（イ）はじめに合計で５人の子供が定義され，そのうち２人のことはすでに出ている。当然 others はそれ以外の子供たちのことを指しているわけだが，問題は，残り３人全員なのかそれともそのうちの１人ないし２人な

のかということであるが，それを判断する根拠が the なのである。the+
複数名詞の場合，「〜全部」を意味する。従ってこの the others は，残り
の3人全員を指しているのである。

（**ウ**）money はここではじめて出てきたものであり，特定のはずはない
からここの the は「予告の the」である。money の後に関係代名詞の省略
があって（関係詞の省略については〈読解の原則37〉），he gave 以下を
money にかけることがこれで分かる。

（**エ**）最初に a book が出ている。それをそのまま受けるのが the book だ
から，これがいちばん初歩的な「すでに出てきた特定のものを受ける
the」である。

(b)thatの判別

that の判別についてはすでに何度か説明してあるので，それに従って
結論を示していく。

（ア）

The suggestion [that I made] was turned down…
    S   M   V

構文は上の通り。that 節は M である。節内部の動詞 make（S + V + O）
には目的語がないから，that は関係代名詞。
　訳は「**私がした提案はその場で否決された**」。

（イ）

His suggestion [that we should wait…] was turned down…
    S   M   V

構文は左下の通り。that 節がMとなるところまでは（ア）とよく似ている。問題は that 節の中身で，wait（S＋V）の要素は揃っているから，この that は接続詞。それでも，「同格」だと考えれば His suggestion にかけられる。

訳は「そこで彼女を待とうという彼の提案はその場で否決された」。

（ウ）

We were so much impressed… ［that we…accepted it］.
　S　V　　　　　　C　　　　　M

構文は上の通り。ここでも that 節はMである。また，accept（S＋V＋O）の要素はすべて揃っているので that は接続詞。直前に suggestion があるので，（イ）と同じように同格にしたいという人もいるだろうが，それはできない。もし，that 節が suggestion と同格なら，この節は「提案（suggestion）」の内容を表していることになるが，そのような that 節は，次の原則によって動詞が変化しなくてはならないのだ。

読解の原則45

should or 原形

要求・主張・提案の内容（「〜しよう」「〜すべきだ」という内容）を that 節で表すとき，その節の動詞には should がつくか，あるいは動詞そのものを原形にしなくてはならない。

これに従えば，もし（ウ）の that 節が「同格」なら，動詞は should accept あるいは accept としなくてはならない。だが，ここに書かれた形は accepted で，どちらの形とも合わない。つまり，この that 節は同格ではないのだ。とすれば，あとは副詞節の that の中から用法を選択することになる。〈読解の原則34〉から，本文には so が前に書かれているので，so 〜 that 構文とすれば解決できる。

訳は「彼の提案に，その場で賛成するほどわれわれは感銘を受けた」。

（エ）

It is a…suggestion [that we should study English grammar…]
S V   C   S'

構文は上の通り。that 以下は完全な文なので that は接続詞。主節の要素は that 節以外で揃っているように見えるが，実はこれでは it が何なのか，分からない。つまり，that 節は本当の主語として it の内容を示している。ちなみに，〈読解の原則 20〉から It=a suggestion であり，また今示したように It=that 節だから，結果的に that 節 =a suggestion。この that 節内の動詞も〈読解の原則 45〉に従い，should study という形になっている。訳は**「英語を読むときに英文法を勉強をしようというのはよい提案である」**。

(4) 　等位接続詞の原則は〈読解の原則 3〉に詳しいが，実は等位接続詞がつなぐものは 2 つだけとは限らない。A，B，C，D，E，and F のように 3 つ以上のものを並立する場合，等位接続詞は最後にしか出てこないのである。そのことを念頭において下線部の about 以下を見てみれば，about の目的語は 4 つ並列されていることが分かる。

… about the friendly people, the clean atmosphere, the closeness to nature and the gentle pace of living.

はじめに〈読解の原則 3〉に従って and の後ろの形を確認しよう。the …pace と「the のついた名詞」があることが分かる。ここで重要なのは**「the のついた」**という部分である。単に「名詞」という基準だけで探すと，and より前には nature という名詞があるのでこれとつなげるのではないかという無駄なことを考えることになる。

しつこいようだが等位接続詞の本質は「同じ形の反復」にあるのだから，「the がついている」という点まで同じものがないか，と探すのがまずとるべき道である。この基準に従って and の前を見ていくと，the のついた名詞が次々に見つかってゆく。

…about the friendly people, the clean atmosphere, the closeness to nature **and** the gentle pace of living.

そしてこの 4 つの「the のついた名詞」のうち，先頭の the friendly people が about の目的語であることは明らかだから，残りの 3 つも自動的に about の目的語となる。等位接続詞で並列されたものはすべて「同じ働き」をするからである。

(5) この部分を読む時には，まず〈読解の原則 15〉を思いだしてみてもらいたい。文中に，he maintains, という 2 つの comma ではさまれた部分がある。ここをとばして前後をつないでみると，Nothing can be compared with…となり，ここに〈be〉compared with…という表現があることが見えてくるのである。

ところで，挿入されている he maintains の役割は何だろうか。実は，ここでは〈読解の原則 16〉は使えない。挿入部分の構造が接続詞・関係詞を含まない［S + V］だけでできている場合，新たな原則を利用することになる。

読解の原則 46

挿入部分が接続詞を含まない［S + V］だけでできている場合，その［S + V］が全体の主節である。［S + V］の部分を文頭に移動し，その末尾に接続詞の that を補うと分かりやすい。

そこで，この原則に従って文に手を加えてみよう。まずは元の形を示す。

Nothing can be compared, he maintains, with…

次いで，he maintains を文頭に移し，その次に that を補った形を示す。

He maintains that nothing can be compared with…

　これで，主節の動詞は maintains で，that 以下はその目的語であることが分かった。

　さらに，このような文の変形によって，もう一つ有り難いことが分かってくる。それは maintain の意味である。maintain を辞書で引くと，普通「維持する」という意味が出てくるが，ここでそれを当てはめてみても全体の文意は通らない。特に試験場では，辞書を引くことができないから，この時点で途方にくれてしまう人も多いはずだ。だが原則を知っていれば，maintain の意味を辞書で確かめなくても正しい意味が発見できる。

読解の原則47

目的語に that 節をとる動詞はすべて，思考・発言を示す。「考える」「言う」を訳の基本にすればよい。

　本文でもこれを利用すれば，主節前半は次のように訳出できることが分かる。

訳その1－主節前半

「彼は～と言うのである」

　that 節の解読に進む前に，一つ補足的説明をしておこう。
　, he maintains, という挿入には，接続詞・関係詞が含まれていないと

前に書いたが，諸君の中には he の前に関係代名詞が省略されているのではないかと思う人もいるに違いない。だが，それは不可能である。理由は he の前に comma があることだ。それにより，次の原則が利用できる。

読解の原則 *48*

継続用法（前に comma を打つ用法）の関係代名詞は，省略することができない。

従って，この部分には関係代名詞の省略はありえないのだ。

では，that 節の分析に移ろう。〈be〉compared with…という熟語が使えることは前に書いた。意味は，「〜と比べる」である。問題は with の目的語である。with の後を注意深く見てみると，the first cock crow, the twittering, the sight と「the のついた名詞」が 3 回反復されていることが分かる。等位接続詞がなくても「同じ形の反復」があるものは並列してよいことは前の章でも見たとおりであるから，with の後にこの 3 つを並列することになる。

Nothing can be compared with ⎡ the first cock crow
　　　　　　　　　　　　　　 ⎢ the twittering…
　　　　　　　　　　　　　　 ⎣ the sight…

これで，that 節の訳の骨格はできた。

訳その 2 − that 節の訳その 1

「〜と比べられるものはない」

次に，with の後の 3 つのまとまりを，それぞれ訳出して〜の位置にいれていく。the first cock crow は「朝を告げる鶏の声」とそのまま訳せる。the twittering of birds at dawn は of の前にある twittering が動詞化して「さえずる」と訳せるから，〈読解の原則 44〉に従えば of は主格関係にな

るが，「鳥たちの夜明けのさえずり」でも意味は通る。だが，最後の部分は少し慎重に考えるべきである。

the sight of the rising sun shining…

特に，the rising sun shining…という部分に注目してほしい。まず，rising であるが，the と sun にはさまれているという位置から，形容詞的なものと判断できる（〈読解の原則 12〉）。問題は sun と shining の関係である。諸君はつい，名詞＋Ving という形があると「〜している名詞」という訳をしてしまうのだが，それはあくまでもこの形の持つ可能性のうちの$\frac{1}{3}$でしかない。

読解の原則49

名詞＋Ving には次の３つの可能性がある。
　① Ving が前の名詞にかかって「〜している名詞」
　② Ving が動名詞で前の名詞は意味上の主語
　　「名詞が〜すること」
　③ Ving が分詞構文で，前の名詞は意味上の主語
※このうち，①と②はその部分全体が名詞として働き，③はその部分全体は副詞になる。

本文では the rising sun shining…は前置詞 of につながっているから全体では名詞として働いており，その点で③は除外できる。だが，①と②は文法的には全く同じ形になるので，文法上の区別は不可能である。

そこで諸君は，the sight にかける場合に「〜している太陽の光景」とするのと「太陽が〜する光景」というのとどちらがよいか，意味的に考えてみることになる。「光景」というのは，その中心にある行動が含まれるべきだから，「太陽の光景」よりは「〜する光景」の方が自然だと分かるだろう。そこでここでは②の解釈をとることにする。

これで that 節の訳は完成である。

訳その３ーthat 節の訳その２

「朝を告げる鶏の声，鳥たちの夜明けのさえずり，朝日が木々や牧草地を照らしだす光景に匹敵するものはない」

これを主節前半の訳と合体すれば，下線部訳は終わりである。

訳その４ー下線部全訳

「朝を告げる鶏の声，鳥たちの夜明けのさえずり，朝日が木々や牧草地を照らしだす光景に匹敵するものはない，と彼は言うのである。」

(6) この文を読むには，等位接続詞による並列を正しく使うことが肝心である。

```
                 about the poor selection of goods in the shops
He says nothing or
    V            about those…people who have to travel…
                                    V
```

上のように整理できれば，読解の準備は整ったことになる。動詞が２つで，接続詞として who が出ているので，主節は says の方である。

また，or でつながっているのは２つの about…であるから，これをともに nothing にかけていけばよい。

また，people に those がついているが，これは〈読解の原則10〉で扱った予告の the と同類である。that（those）にも同じ働きがあるのだ。従って当然 who 以下の節は people にかければよい。

訳その１ー主節の訳

「彼は～と～については何も言わない」

では，それぞれの about に連なる部分の解読を始めよう。始めは，about the poor selection of goods から。この部分を「品物の貧弱な選択」などと訳しても，何を言っているのかよく分からない。

諸君の多くは，とりあえず何でもいいから日本語におきかえて，その後で意味を考えようとするが，そういうやり方で出てくる日本語は，それ自体がよく分からない場合が多い。分からないものを元に何を考えてもろくな結論が出るはずはないので，こういうやり方は適切とは言えない。むしろ，英語を日本語に訳していく過程でどういう意味なのかを考えた方が効率的である。だから，英語の単語をいかに利用して日本語を組み立てるかに対してもう少し注意を払うべきなのだ。

この部分を考える場合，最初に取り上げるのは「selection は select の名詞形だ」という事実である。名詞を動詞化して訳すことは〈読解の原則43〉で説明した通り。動詞化して「選ぶ」と訳してみると，当然「何を」が問題になる。〈読解の原則44〉にある of の用法にこれを当てはめれば，「品物を選ぶ」という訳ができあがる。poor は形容詞だが，かかる相手 selection が動詞化されているから，副詞的に訳してみよう。それに in the shops の訳を加えれば，次のようになる。「店でものを貧弱に選ぶ」。

ところで，「選ぶ」という行動が「貧弱」になってしまうのはなぜだろうか。それは，そもそも選ぶべきものが大してないから，に決まっている。つまり，店にある品数が少ないのである。そこで，「店にある品数が少ない」という意訳でもよいことが分かる。

では，もう一つの about…に移ろう。

about those unfortunate people

who have to travel from the country to the city every day
   V

        to get to work.

who 以下が people にかかることはすでに説明した通り。あとは who 節

の構造をとればよい。動詞 travel にはS＋V＋Oもあるが，その場合目的語は「距離」である。この文中には「距離」を示す名詞はないからこの travel はS＋Vだと分かる。従って，travel の後ろはすべてMになる。from the country, to the city はともに前置詞＋名詞，every day は副詞であるから，それぞれMとして機能している。とすると当然，to get to work もMでなくてはならない。

　さて，もしこの不定詞が形容詞なら前の名詞にかかるはずである。だが，前にも述べたように前にある every day は副詞であって名詞でないので，この不定詞は形容詞になれない。つまり，自動的にこの不定詞は副詞用法ということになる。あとは次の原則に従って訳を決定するだけである。

英文読解
④

読解の原則 **50**

不定詞副詞用法の意味は次の5つである。
　①目的 ②感情の原因 ③判断の根拠 ④条件 ⑤結果
※1：他に「程度」を表すものもあるが，それは too ～
　　to V，～ enough to V という形になる。
※2：感情の原因・判断の根拠の意味になるためには，直
　　前の述語が「感情」「判断」を表すものであることが
　　必要。
※3：文頭にある場合，意味は「目的」「条件」に限る。

　※2を利用すれば，この不定詞が「感情の原因」「判断の根拠」でないことは明らかである。残りの3つの中で，「条件」では「仕事に行くならば」となっておかしい。この people はすでに unfortunate だと分かっているのだから「仕事に行く」こと自体は当然である。「目的」「結果」のどちらを選ぶかで迷う人はかなり多いが，実はあまり気にすることはない。この2つは，同じ内容を表現の中心を変えて言っただけだからである。例えば「大学に合格するために勉強する」でも，「勉強して大学に合格する」でも，2つの動作が①勉強する②大学に合格する，という順番に起こることを

言っているという点で全く同じである。どちらで訳すかは，ほとんど主観の問題だろう。この場合も，① travel ② get to work という2つの動作がこの順番で起きたことを示せばいいのだから，「目的」にとって「職場に通勤する」といっても「結果」にとって「通勤して職場にいく」としてもかまわない。

　それでは今まで考えてきたことをまとめて訳を組み立てておこう。

訳その2

「彼は店にある品数が少ないことについてや，毎日郊外から都会まで通勤しなくてはならないかわいそうな人々については何も言わない」

(7)　　　動詞を整理して主節を見つけることが何よりも大切な文である。途中の前置詞＋名詞などに振り回されて全体を見損なうと，とても訳すことはできなくなってしまう。こういう時は，始めから前置詞＋名詞や副詞など，Mになることが明らかなものはとばしておくとよい。

Why people are willing to tolerate a…journey…is beyond my ken.
　　　　　　　　　　　V　　　　　　　　　　　　　V

　上の図のように，余計なものをとばしてしまうととても分かりやすくなる。動詞は2つで接続詞は why。つまり，主節は後ろの is である。そこで is の主語を探すわけだが，その時も，すでにとばしてある前置詞＋名詞は無視しなくてはならない。さらに tolerate が S+V+O であることから a journey をその目的語であると決めると，いわゆる単語のレベルでは is の主語はないことが分かる。つまり，is の前の why 節全体が主語になる他ないのである。

　[Why…] is beyond my ken.
　　　S　　　V

whyは名詞節を作る場合「なぜ〜か」「〜の理由」と訳すので，これを利用して主節の訳を作ろう。なお，述語は〈be〉beyond one's ken という熟語で，「one には理解できない」という意味である。

> **訳その1－主節の訳**

「〜の理由は私には理解できない」

次に why 節の中身を考えよう。

Why <u>people</u> <u>are willing to tolerate</u> <u>a four-hour journey</u> each day
      S   V   O

for the questionable privilege of living in the country

動詞は are willing to tolerate であると判断する。もちろん，厳密には are willing…の are が動詞なのだが，〈be〉willing to V は熟語なので，前にも語った通り，are willing to tolerate が動詞だと考える方が合理的である。tolerate は S＋V＋Oだから，SとOを見つければ文型は完成する。

ところで，tolerate はどういう意味だろうか。辞書には「許容する」「容認する」と出ているが，前にも言った通り，辞書の訳をただそのまま写すだけでは知的作業とは言えない。**本当にものごとを理解したいと思ったら，与えられた言葉を自分なりに，例えば小学生にでも分かるように説明しようと努力すべきである。**「許容」「容認」という言葉を聞いたことがない，という人はあまりいないだろう。だが，それを分かりやすく説明したらどうなるか，と言われて答えられるだろうか。もし，できないというなら，恐らくはそれが伸び悩んでいる（？）理由である。本当に「できる」ヤツは，このあたりが違うのだ。

「許容」という言葉は，「許す」と「受け入れる」を組み合わせたものであり，そこに意味のエッセンスがある。特に「許す」が注目点。誰でも経験があるはずだが，「許す」という気持ちには，必ず「本当はいやなんだ

けど」という気分が含まれている。例えば，諸君も「大学に行くために，英語を勉強しなくちゃ」と考える場合，「いやだけど」という気分がそこに潜んでいるだろう。それでも受け入れるのだから，「英語の勉強を許容する」になるのだ。

　何だか英語と関係のないことをやっているなあ，と思っている人へ。そんなことはない。これから一気に英語の話に切り込んで行くので心して読むように。

　さて，「許容」が「いやだけど受け入れる」という意味であることはすでに言った。では，どんな場合に人は「いやなもの」を受け入れるのだろうか。それは当然，それと引き換えに望ましいものが手に入るからであろう。諸君だって，「英語の勉強を許容する」のは，それと引き換えに「大学に入れる」からのはずである。つまり，本文でも tolerate a four-hour journey するのと「ひきかえ」に，得られるものが書かれていなくてはならない。そこで，「ひきかえ」を示す単語が本文にあるかどうか確かめよう，と考えるのが次のステップになる。英語で「引き換え（交換）」を表す代表的な前置詞が for である。本文には for the…privilege とあるから，これを利用して，次の訳を作ることができる。

(訳その２－ why 節の訳その１)

「人々が the privilege とひきかえに a four-hour journey を我慢して受け入れる」

　私がここで，これほど tolerate の訳出にこだわったのは，「動詞を考えることで他の語句の役割まで決まってくる」ということを証明したかったからである。そういう考え方をしないで，ただ漠然と「for の意味は何だろう」と考えてみたところで，正解にたどりつける可能性は低いし，またたどりついたとしてもやたら時間がかかることが多い。つまり，**英語を読み解くためにはまず動詞にこだわれ，というのが私の一番の主張**なのである。

　では残りを片づけよう。the privilege には the がついているから，〈読解の原則 10〉を利用して，後ろの of 以下をかける。その際，of の後ろが

living と動名詞であることに注目。of の後ろが動詞化できる場合，of が同格であることは〈読解の原則 44〉でやった通り。これで，「田舎に住むという特権」と訳せることが分かった。

　では，a four-hour journey はどうだろうか。この部分では,「journey＝旅」という誤解をまず避けなくてはならない。英語で travel，journey という場合,「移動」全般を表すのが普通で,「旅」というのはその中の派生的な意味でしかない。ところが諸君の多くは journey を見ると「旅」と訳してしまい，それによって文意を理解しそこなうのである。直前の部分に「田舎から都会まで仕事に行く」という意味のことが書かれているので，ここでいう journey「移動」とは「通勤」のことであるに決まっている。これで，why 節を訳す準備はほぼできた。なお, questionable は「疑わしい」だが，この文章の筆者は「田舎暮らし」をよく思っていないのだから，田舎に暮らすことを「特権」と呼ぶことそのものに疑問を持っているのである。そういう意図を汲み取って訳に加えていけばよい。

> 訳その３－ why 節の訳その２

「人々が田舎に暮らすというあやしげな特権とひきかえに毎日４時間の通勤を我慢して受け入れる」

　あとは主節の訳に組み込むだけである。

> 訳その４－下線部全訳

「人々が田舎に暮らすというあやしげな特権とひきかえに毎日４時間の通勤を我慢して受け入れる理由は私には理解できない」

(8) 　この文には，２つの非常に重要な文法事項が含まれている。そのうちの１つは受動態で，もう１つは仮定法である。

　その説明に移る前に，まずは〈読解の原則２〉に従ってできることを終えておこう。

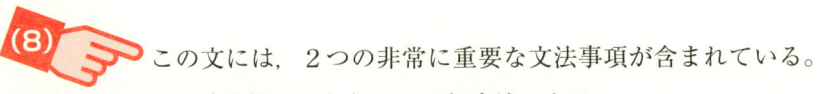

$$\text{They } \underset{V}{\underline{\text{could be saved}}} \text{ so much} \begin{bmatrix} \text{misery} \\ \text{and} \\ \text{expense} \end{bmatrix}$$

$$\begin{bmatrix} \text{if they } \underset{V}{\underline{\text{chose to live}}} \text{ in the city } [\underset{}{\underset{\sim}{\text{where}}} \text{ they rightly } \underset{V}{\underline{\text{belong}}}] \end{bmatrix}.$$

　上の通り，動詞は３つあるから接続詞は２つ（if, where）で，主節は先頭の could be saved である。

　では，主節を分析しながら受動態・仮定法について考えていこう。

　はじめに受動態である。これは，動詞の文型・意味を正しく把握するために非常に重要な項目であるから，ぜひとも今のうちにしっかり理解しておいてもらいたい。受動態というと諸君は「〜れる・られる」と訳す，という程度の知識しか持っていないようである。だが，受動態にはもっと本質的な意味があるのだ。

読解の原則 51

受動態は，元の（能動態の）動詞の目的語を主語の位置に移し変えたものである。

　有名な例を一つ挙げよう。「彼は財布を盗まれた」を動詞 steal（S ＋ V ＋ O）を使って英語にするとどうなるだろうか。諸君の中には，次のような誤った文を作ってしまう人が必ずいるはずだ。

He was stolen his purse.（×）

　こういう文を書く人は次のように言う。「主語は『彼は』だから he で，『盗まれた』は受動態だから was stolen，『財布を』とあるから動詞の後の目的語の位置に his purse を置けばいいよね」

　これは，とんでもない説明である。というのは，この説明の中では，英

語の steal の文法構造も，受動態の性質も無視されているからである。

　では，なぜこの文が英語として成り立たないのか，steal の性質に注目しながら考えてみよう。

　先にも述べたように，steal は S＋V＋O である。そこで，まず，steal を使った能動態の文を組み立ててみよう。その際，単語の意味によって混乱しないように，S＝◎，O＝☆としておく。

$$\underline{\text{◎}\quad\text{steal}\quad\text{☆}}$$
$$\text{S}\qquad\text{V}\qquad\text{O}$$

　そこで，これを受動態になおしてみる。その際，〈読解の原則 51〉に従い，能動態の目的語である☆が主語に移動することに注意しよう。

$$\underline{\text{☆}\quad\langle\text{be}\rangle\ \text{stolen}\quad\text{by}\quad\text{◎}}$$
$$\text{S}\qquad\text{V}$$

　これを見ても明らかなように，**ある動詞が受動態になったときの主語は，その動詞の能動態における目的語でなくてはならない**。steal は「～を盗む」と訳すことからも分かるように，目的語に「盗まれるもの」が来る。ということは受動態の主語も「盗まれるもの」でなくてはならない。先ほどの誤った文では he という人間が主語になっているが，こんなことはできるはずがないのである。

　もう一つ，気づいてほしいことがある。S＋V＋O である steal が受動態になったとき，〈be〉stolen の後ろには目的語は書けない，ということである。考えてみれば当たり前のことだが，能動態の時にあった目的語を主語の位置に移動してしまったのだから，もはや後ろには目的語はない道理である。すると，先の誤った文において，stolen の後に his purse を書く根拠はないことが分かるはずだ。

　結局，「彼は財布を盗まれた」を受動態で表すには，盗まれたものであ

る his purse を主語にし,「彼は」という表現はあきらめる他ないことになる。つまり,

His purse was stolen.（○）

が正しい文なのだ。もしどうしても He を主語にしたいというなら,この文全体を別の動詞の後ろに書く形にする他はない。S→Pの関係を持つ表現を動詞の後ろに書けばS＋V＋O＋Cになることは〈読解の原則21〉で説明した通り。そこで,S＋V＋O＋C文型を作る have という動詞を利用して,その後ろに上の文を一部変形して書き入れる。

He had his purse stolen.

　もう一つ,受動態の理解が重要である例を示そう。次の英文を訳すとどうなるだろうか。

She was denied any help by her friends.

　was denied が deny の受動態であることはすぐに分かるはずである。ところが,それだけで「否定された」という訳に飛びついてしまうと意味をとりそこなうことになる。〈読解の原則30〉でも言ったように,動詞の意味はその文型で決まるのだから,ここで使われている動詞 deny の文型が決まらないうちに意味をとってはいけないのである。そこで,この文をもう一度よく見直してみると,was denied という動詞の後に any help という名詞がついていることが分かる。

She was denied any help by her friends.
S　　V　　　　名詞

英語の名詞には，次の原則が当てはまる。

読解の原則*52*

全ての名詞は次のいずれかの働きをしていなくてはならない。
①動詞の主語（Ｓ）　②動詞の目的語（Ｏ）
③動詞の補語（Ｃ）　④前置詞の目的語

この原則に従えば，any help は②，③のどちらかの働きをしていなくてはならないことが分かる（Ｓはすでにあるし，any help の前に前置詞はないから）。一体どちらだろうか。

こういう場合に，「目的語」と「補語」についてのこむずかしい説明をいくら考えても役に立たない。役に立つのは〈読解の原則20〉である。それによれば，Ｓ＝Ｃ，Ｓ≠Ｏだから，どちらであるかを確かめればよい。主語の She は「人間」であり，後ろの any help は「人間ではない」のだから，明らかに She ≠ any help である。従って any help=O である。

She was denied any help by her friends.
　S　　V　　　　O

これによって，この文では deny が受動態になって目的語を１つ失っているにもかかわらず，１つ目的語が書かれていることが分かる。ということは，この deny が能動態の場合には目的語が２つあったことになる。つまり，この deny はＳ＋Ｖ＋Ｏ＋Ｏ文型だったのである。この文型の deny は「与えない」という意味だから，この文の訳は**「彼女は友達から何の手助けもしてもらえなかった」**である。

受動態についての一般的な説明はこれくらいでいいだろう。そこで，受動態を含む文を考える場合の原則をもう一度整理しておこう。

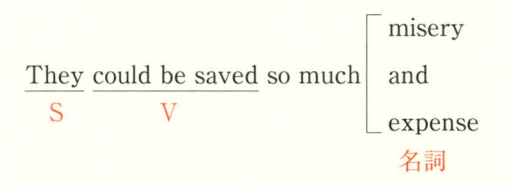

読解の原則53

受動態の性質：

①主語に来るのは能動態の動詞の目的語

②能動態の時に比べて目的語が１つ少ない

③動詞（受動態の過去分詞）の意味は能動態の場合の文型によって決まる

④動詞（受動態の過去分詞）の文型を考える場合，目的語を１つ足してやる

では，本文の主節の文型から save の意味を決めよう。

$$
\underset{S}{\text{They}}\ \underset{V}{\text{could be saved}}\ \text{so much}\ \begin{cases}\text{misery}\\\text{and}\\\text{expense}\end{cases}\ \text{名詞}
$$

この文では，save が受動態になっている上に，後ろに名詞が書かれている。ちょうど先ほどの deny を考えたのと同じことを考えればよい。この文で They は「田舎に住む人々」であり，misery and expense は人間でないことは明らかだから，They ≠ misery and expense であり，〈読解の原則 20〉より当然 misery and expense=O であると分かる。

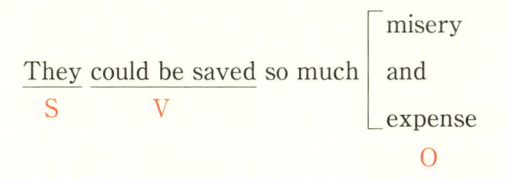

$$
\underset{S}{\text{They}}\ \underset{V}{\text{could be saved}}\ \text{so much}\ \begin{cases}\text{misery}\\\text{and}\\\text{expense}\end{cases}\ \text{O}
$$

受動態になっているのに目的語が１つあるのだから，能動態の save は

S＋V＋O＋Oであると分かる。この文型の場合，saveは「O_1にO_2を節約させる」という意味だから，それを受動態にして「O_2を節約する」とすればよい。つまり，「Theyはso much misery and expenseを節約できる」がこの文の意味の基本となる。ただ，訳語を作る上ではもう一工夫必要だろう。目的語の意味を考えると，「節約する」ではピンとこないからだ。まずはmiseryの方から。「悲惨な状態を節約する」とは，「悲惨な状態にならなくてすむ」ことである。諸君も，正しい英語の勉強法を身につければ現役で大学生になれるから，浪人するという悲惨な状態を「節約」できるわけだ（浪人生の諸君，ゴメンナサイ）。expenseの方はずっと簡単。「出費を節約できる」とは，「金がかからなくてすむ」ということに決まっている。

　もう一つ，この文を理解するためのポイントは仮定法である。いきなり仮定法と言われて戸惑う諸君もいるだろう。もし，諸君が「ifで始まる節があるからだろう」と思っているなら，それは勘違いである。**ifと仮定法はお互い何の関係もない**。ifがあっても仮定法でない文もあれば，ifがなくても仮定法になる文もあるのだ。では，一体何を根拠にこの文が仮定法だと言えるのだろう。それは，次の原則を見てもらえば分かる。

> ### 読解の原則 *54*
>
> **助動詞の過去形があったら，まず仮定法を疑う。仮定法は，現実と反対のことを仮定し，現実と食い違う結論を導く時に使われる。**

　仮定法では，（条件と結論のうちの）結論の方に必ず助動詞の過去形が出てくる。だから諸君は，助動詞の過去形を見つけたらまず仮定法を疑う習慣をつけよう。もちろん，助動詞の過去形があっても仮定法でない文もあるが，始めのうちはまず仮定法を考える癖をつけることである。

　この文では，主節にcouldという助動詞の過去形が出てくる。だから私

はこの文が仮定法だと言ったのである。とすれば必ず「条件」があるはずで，それがこの文の場合は if 節なのである。仮定法の条件節だから，if 以下の部分の動詞は過去形になっている。

ここまでを考慮して主節の訳を作っておく。

訳その1－主節の訳

「～ならば，彼らはかわいそうな思いもしなくてすむし，出費も抑えられるであろう。」

では条件節を考えていこう。

if they chose to live in the city [where they rightly belong]
    S   V   V

live が自動詞で S + V だから，文型は live までで終わり。すると in the city 以下は M である。in the city でひとつの M だから，where 節も M のはずである。where 節が形容詞か副詞かは，前にかかれるかどうかで決めればよい。直前にあるのが city という場所を示す名詞だから，where 以下をかけても問題はないはず。これで where 節は形容詞節と分かる。形容詞節の先頭に立つ接続詞のことを「関係詞」と呼ぶのだから where は関係副詞である。関係詞は訳さないのが普通だから，where 自体には訳を与えない。

chose to live を訳す場合，過去形にしてはいけない。前にも述べたようにここは仮定法による過去だから，訳す時には現在形にするのが正しい。ところで，ではなぜ belong は過去形になっていないのだろうか。これについては，次の原則を知っておくとよい。

読解の原則 **55**

仮定法の文の中に時制が違う（現在に近い方にずれている）動詞があったら，その部分は「現実」を表している。

〈読解の原則54〉で触れたように，仮定法は「現実と食い違うこと」を伝えるための時制である。だから，その文の中に仮定法と違う時制があれば，それはその部分に書かれたことが現実であることを示している。

本文では，ここで筆者が they と呼ぶ人物は，現実には「田舎に暮らしている」のだから，「もし they が都会に住むことを選べば」というのは，現実とは反対である。一方，筆者は they が「都会に属する」のを仮定法ではない「現実」の時制で示すのは，they が都会に通勤する「都会人」だからである。従って they に関する「現実」だけを取り上げてみると，「都会人なのに田舎に住んでいる」という矛盾した状況が浮かび上がってくる。

つまり，ここで筆者が言いたいのは，「本来都会人なんだから，何も無理して田舎に住むことはないじゃないか」という主張である。ここまで分かったら，訳出は簡単である。

訳その2−条件節の訳

「彼らが現実に属している都会に住むことを選べば」

では，これで訳を完成させよう。最後の訳では，文意を汲み取ってさらに幾分意訳しておく。

訳その3−下線部全訳

「本来都会人である彼らが，もし都会に暮らすことを選ぶならば，辛い思いもせずに済み，また金もかからないであろう」

全訳

　田舎の静かな暮らしというやつに，私は憧れたことがない。都会生まれの都会育ちなので，私は常々，田舎は列車の窓から眺めるところ，あるいは週末にときどき行くところだと思っていた。私の友人の多くは，都会暮らしだが，彼らは「田舎」という言葉を口にするだけでいつもとてもうれしそうな顔をする。彼らは「のどかな暮らし」は素晴らしいとほめちぎるのだが，実際に田舎に引っ越したのは一人だけで，しかもそいつは半年も持たずに戻ってきてしまった。ところが，田舎暮らしに失敗したその男でさえ，いまだに田舎暮らしの方が都会暮らしよりなにかしらすぐれているという幻想から抜け出せないでいる。彼は，田舎では人が親切だとか，空気がきれいだとか，自然に囲まれているとか，暮らしぶりがのんびりしているとかいうことをのべつ口にする。朝を告げる鶏の声，鳥たちの夜明けのさえずり，朝日が木々や牧草地を照らしだす光景に匹敵するものはない，と彼は言う。だが，そのような田舎の楽しい光景は全体像のごく一部でしかない。ごくたまに映画に行くくらいしか楽しみのない長くて孤独な冬の夜のことに彼は触れない。店の品数が少ないこととか，毎日長時間通勤を余儀なくされる哀れな人達のことも話さないのである。人々が田舎に暮らすというあやしげな特権とひきかえに毎日4時間の通勤を我慢して受け入れる理由は私には理解できない。本来都会人である彼らが，もし都会に暮らすことを選ぶならば，辛い思いもせずに済み，また金もかからないだろうと思うのだが。

問の解答

問1 (a) 分詞構文

　　　(b) as something you look と or something you occasionally

　　　(c) as　(d) something と something

問2 (a)（エ）

問3 (a)（ウ）　(b)（イ）

問4 the friendly people, the clean atmosphere, the closeness (to nature), the gentle pace (of living)

問5 (a) with　(b) the first cock crow, the twittering (of birds at dawn), the sight (of the rising sun shining on the trees and pastures)

(c)（ア）　(d)（ア）形容詞的分詞（イ）動名詞（ウ）動名詞の意味上の主語

問6 (a) about…と about…　(b) 副詞用法・目的（結果）

問7 (a) Why ～ country　(b)（ア）

問8 (a) could be saved の目的語　(b) 仮定法だから　(c) この節の内容だけが「現実」だから　(d) 形容詞節で前の the city にかかる

英文読解 **5**

次の文章を読み，後の問に答えよ。

(1) In talking to couples about communication in their relationships, I was surprised by how often men referred to their role as protectors of women in explaining why they spoke as they did. For example, one couple told me of a recent argument. The woman had noticed that her husband was favoring one arm and asked why. He said that his arm hurt. She asked how long it had been hurting him, and he said, "Oh, a few weeks." To his surprise, she reacted with hurt and anger: "Go ahead, treat me like a stranger!"

(2) To her, intimacy meant telling what's on your mind, including what hurts. By not telling her that his arm hurt, her husband was pushing her away, distancing her with his silence. I instinctively understood this woman's point of view. (3) But I did not immediately understand the man's. In explaining his side of the story, he said, "I guess men (4) learn from the beginning to protect women." This puzzled me. (5) I asked what protection had to do with not telling his wife that his arm hurt. "I was protecting her," he explained. "Why should I worry her by telling her about my pain, since it might be nothing and go away anyway?"

(6) Deciding what to tell his wife reflects this man's perceived role as her protector. (7) But it also grows out of and reinforces the alignment by which he is in a superior position. He is stronger than she, and he has power to cause her worry by the information he imparts. This man does not feel, as his wife perceives, that he is trying to curtail their

intimacy. Intimacy is simply not at issue for him. (8) <u>In her world, the imparting of personal information is the fundamental material of intimacy, so withholding such information deprives her of the closeness that is her lifeblood</u>. Their different interpretations of the same information simply reflect their different preoccupations. They are tuned to different frequencies.

（筑波大）

問1　下線部（1）について，次の問に答えよ。

（a）how の意味は「どれほど」・「どのように」のいずれか。

（b）as protectors の as は，前のある語句と連語を作っている。その語句を抜き出せ。

（c）as they did の did は，前のある動詞の代わりである。元の動詞を書け。

（d）as they did の as と同じ用法の as を次から一つ選び，記号で答えよ。

　（ア）Familiar as he was with the matter, he kept silent.

　（イ）As everyone has experienced, making a trip will give you a chance to see what you are.

　（ウ）As he got older, he became more rigid.

（e）下線部全体を和訳せよ。

問2　下線部（2）について，次の問に答えよ。

（a）telling の文法的役割を答えよ。

（b）including の文法的役割を答えよ。

（c）下線部全体を和訳せよ。

問3　下線部（3）について，次の問に答えよ。

（a）the man's の後に省略されている語句を書け。

（b）not の用法に注意しながら，下線部全体を和訳せよ。

問4 下線部（4）の learn の目的語を抜き出せ。

問5 下線部（5）について，次の問に答えよ。

（ a ）what はその文法的性質上，後ろに 1 語不足がある。この文で不足しているのはどこか。前後の 1 語ずつを答えよ。

（ b ）(a) を参考に，この文に隠れている動詞を含む連語の代表的な形を書け。

（ c ）that his arm hurt の文法的役割を答えよ。

（ d ）下線部全体を和訳せよ。

問6 下線部（6）について，次の問に答えよ。

（ a ）この文の主節の動詞，及び文の要素を指摘せよ（主語を含む）。ただし，文の要素が 3 語以上になる場合は，その最初と最後の 1 語ずつを答えよ。

（ b ）下線部全体を和訳せよ。

問7 下線部（7）について，次の問に答えよ。

（ a ）grow out of の目的語を指摘せよ。

（ b ）superior は「〜より優れて」という意味である。何より優れているといっているのか。主語の内容を考えながら，日本語で答えよ。

（ c ）alignment の辞書的な意味は「整然と並んだもの」である。(b) の答えを参考にしながら，ここでの alignment に最もふさわしい訳語を答えよ。

（ d ）下線部全体を和訳せよ。

問8 下線部（8）について，次の問に答えよ。

（ a ）is の主語・補語をそれぞれ抜き出せ。

（ b ）the imparting…と同じ用法の Ving を次から一つ選び，記号で答えよ。

　（ア）Keeping early hours is good for the health.

（イ）Further investigation will improve our understanding of the nature of nuclear energy.

（ウ）Imparting information is the key to the intimacy of a couple.

（エ）Human beings are a talkative creature.

（c）deprives は文中のある語と連語を作っている。その語を答えよ。

（d）that は接続詞・関係代名詞のどちらか。

（e）下線部全体を和訳せよ。

英文読解 ⑤ 解説

(1)

In talking to couples about communication in their relationships,

I was surprised by how often men referred to their role as protectors
S V   C   V

of women in explaining why they spoke as they did.
                            V   V

　基本的な構文は上の通り。動詞が４つだから接続詞は３つあり，主節は
もちろん was である（〈読解の原則４〉）。主節の文型の範囲は見ての通り
I から surprised までなので，その前後はMになる。

> **訳その１－主節の訳**

「私は驚いた」

　文頭の In talking…は全体で副詞になる（〈読解の原則39〉）が，もちろ
ん talking そのものは前置詞 In の目的語なので動名詞である。in + Ving
は一般的に「～する時・場合」「～する点で」と訳せるから，主節との関
係で「話していて驚いた」とすればよいだろう。また，〈読解の原則18〉
によって，talk がこの部分の文の構造を作っていることに注目。talk は S
＋Vだが，後ろに前置詞 to を伴って talk to ～となると「～と話す」とい
う意味だから，これを利用して訳す。about 以下は単に前置詞の意味を利
用するだけでよい。

> **訳その２－主節の終わりまでの訳**

「夫婦関係におけるコミュニケーションについて複数の夫婦と話してみて
私は驚いた」

この訳について一言補足しておく。couples を単に「夫婦」とだけ訳すと訳語の中での座りが悪くなることに気づいた人は多いだろう。そこで，couples が複数形であることに注目して，「複数の夫婦」と訳してみた。

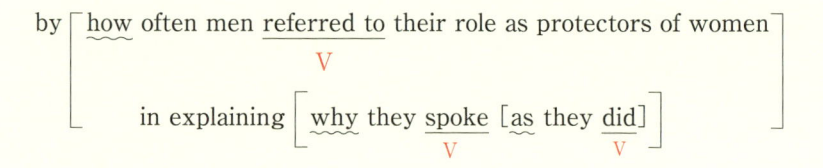

ではいよいよ by 以下に進もう。この部分の節の関係は次のようになる。

by ⌈ how often men referred to their role as protectors of women ⌉
      V
  ⌊ in explaining ⌈ why they spoke ⌊as they did⌋ ⌉ ⌋
          V   V

この部分でまず問題になるのは接続詞 how の性質であろう。

読解の原則 56

how の性質は次の通り。
① how で始まる節は必ず名詞節
② how の後ろの形によって how は訳し方が違う
（ア）how ＋形容詞・副詞＋［S＋V］の場合は「どれほど〜［S＋V］か」
（イ）how ＋［S＋V］の場合は「どのように・どうやって［S＋V］か」
③ how ＋形容詞・副詞の場合，how の後ろにある形容詞・副詞の本来の位置はもっと後ろにある

by は前置詞だから，how 以下の節は名詞として働いている。これは①に一致する。また，how の後に often という副詞が続いているから，この how は②の（ア）の形で，「どれほど〜か」と訳す。また，often の本来の位置は how の直後ではなく，動詞 referred の直前である。often のように頻度を示す副詞は一般動詞の直前に置くのが普通だが，この文の場合は how で強調するために how の直後に移動しているのだ。これが③にあたる。

訳その3−by 以下の訳その1

「どれほど〜することが多いかによって私は驚いた」

　how についてこれまでで分かったことを日本語におきかえたのが上の訳である。なお，often は「しばしば」と訳すより「〜することが多い」と述語化した方が分かりやすい日本語になる。ついでに，（訳その3）を少し意訳してより分かりやすくしておこう。

訳その4−by 以下の訳その2

「〜することがあまりにも多いので私は驚いた」

　では，how 節の文型を見てみよう。refer to は有名な熟語だが，そればかりにとらわれると大きな構造を見落とすことになる。この部分には前置詞 as が使われているが，〈読解の原則42〉で触れたようにこの as にはイコールの意味がある。そのことを考慮してこの節を見てみると次のような関係に気づくはずだ。

men referred to | their role as protectors of women
　　　　　　　　　　A　　　 =　　　 B

　この形の場合，述語の訳は「AはBだと言う」だから，「夫は自分の役割は protector だと言った」という意味になる。さらに，protector を訳す場合，〈読解の原則43〉に従い，「守る（人)」と動詞化してみる。すると of は目的格と分かる（〈読解の原則44〉）から，「妻を守る（人)」と訳せることが分かる。これをBの位置に入れればよいのだが，その時，Aが「役割」であって人ではないのだから，as の示すイコールに従ってBも「守ること」と「人」を避けて訳すとよい。

訳その5−by 以下の訳その3

「妻を守るのが自分の務めだと夫が言うことがあまりにも多いのに私は驚いた」

では後半部へ進もう。in explaining における in Ving は先ほど説明した通りだから「説明する場合に」としよう。もちろん explaining は動名詞だから〈読解の原則18〉により，explain の文型を考えなくてはならない。この動詞はＳ＋Ｖ＋Ｏだから目的語が必要。これで why 以下が名詞節だと分かった。名詞節の場合 why は「なぜ〜か」「〜する理由」と訳すことは前章で説明済み。

> 訳その６−in explaining 以下の訳その１

「なぜ〜なのかを説明する場合」

why 節そのものは簡単。speak はＳ＋Ｖなので文型は spoke までで終わりである。問題は as they did である。do を普通に「する」の意味でとっても，その場合 do はＳ＋Ｖ＋Ｏだから，この節は「不完全な文」である。すると〈読解の原則17〉から，as は「様態」であると分かる。それと同時に気づくのは，**「様態」の as の前後には「同じ形の反復」がある**ということである。この視点から見ると，did は全く違ったものに見えてくる。というのは，do には前の動詞を受ける代動詞の用法があるからで，この did は spoke の代わりではないかと考えられるようになる。すると直訳は「夫がその時話すように話す」であり，「話す」が二度あっても分かりにくいから１つ消して「夫がそのように話す」とするとこの部分の訳は完成である。

> 訳その７−in explaining 以下の訳その２

「なぜ夫がそのような話し方をするのかを説明する場合」

あとは，これまで作ってきた訳の全ての部品をつなげて整理すればよい。

> 訳その８−下線部全訳

「夫婦関係におけるコミュニケーションについて複数の夫婦と話してみて，夫の方がなぜそのような話し方をするのかを説明するのに，『妻を守るのが自分の務めだ』と言うことがあまりにも多いのに私は驚いた」

では，最後に問1（d）の選択肢について説明しておこう。

（ア）Familiar の位置に注目。本来は was の後にあって was familiar with となるのが正しいということに気づくことが大切である。as の中にはこのように後続の節の一部が前に飛び出すものがあり，その場合の意味は「譲歩」あるいは「理由」である。

「彼はその問題には詳しかったが，何も言わないでおいた」が訳。

（イ）as 節の動詞 experience が S＋V＋O なのに O がないことに注目。後ろが不完全な文の場合，as は様態である。これが答え。

（ウ）では as 節は完全な文（he=S, older=C の〈SVC〉）である。また，主節も〈SVC〉だから，形式上は同じ形とも考えられるが，older と rigid の意味に共通性はないので，厳密には同じ形とはいえない。したがってこの as は「時・理由」，中でも同時進行を示す as である。**「歳をとるにつれて彼は一層頑固になった」**が訳。

(2)👉

To her, intimacy <u>meant</u> telling <u>what's</u> on your mind,
　　　　　　　　　V　　　　　　　　V

　　　　　　　including <u>what</u> <u>hurts</u>.
　　　　　　　　　　　　　　　　V

上の通り動詞は3つで接続詞は2つの what，従って，主節の動詞は meant である。mean は S＋V＋O だから，S に intimacy，O に telling を割り当てる。これで主節の文型は完成する。あとは〈読解の原則18〉に従って tell の文型を整理すればよい。

telling 以下については後で詳しく説明するとして，まずは mean の訳のつけ方を解説しておこう。mean の一般的な訳は知っての通り「意味する」である。だが，もちろん同じ内容を表す表現なら，他の日本語におき

かえても構わないのは言うまでもない。そこで，mean の意味する内容を少し考えてみよう。「SはOを意味する」というのは，「SとOの意味内容が同じだ」ということに他ならない。つまり，SとOは内容的に「等しい」ということである。だから，例えば「SとOは同じことだ」とか，「SはOということである」という訳でも mean の意味は表せることになる。要は「S＝O」という意味の関係を示せればよいのだ（ただ，イコールになるといっても，それはあくまでも意味の上でのことであり，文法上のことではないので注意）。そこで，ここでは主節の訳を「愛情は〜話すことである」としてみよう。

ところで，数学の場合でもそうだが，**イコールの関係が成り立つ式では，右辺と左辺をいれかえても内容は変わらない**。つまり，「S＝O」と「O＝S」は同じことである。そこで，本文の訳でも「愛情」と「〜話すこと」の順番をいれかえて，「〜話すことが愛情である」としておこう。こういうさりげない工夫が，訳をぐっと分かりやすくするものである。

> 訳その1 − telling までの訳

「妻にとって，〜話すことが愛情である」

では，telling 以下を考えよう。

telling [what's on your mind],
 V

　　　　[including [what hurts]]
　　　　　 V 　　　　 O
　　　M

tell は他動詞なので目的語が必要。それが最初の what 節である。最初の what 節には〈be〉on one's mind という熟語が使われているので，節の範囲は mind まで（what 節の詳しい説明は〈読解の原則 24〉）。従って including 以下は M である。〈be〉on one's mind は「one の気にかかる」

（〈be〉in one's mind は「one が覚えている」）なので，what 節は「気になること」という訳でよいだろう。また，include も他動詞だから what hurts が目的語である。

　ところで，what hurts の部分はどう訳せばよいだろうか。諸君が通常記憶している what の訳は「何〜か」「〜するもの（こと）」だろうが，このどちらを使っても「何が痛いか」「痛いもの」などとなって日本語としておかしい。実は what の訳はもっと広くゆとりを持って考える必要があるのだ。

読解の原則 **57**

what 節は普通「何〜か」「〜するもの」と訳すが，「何」は文脈上矛盾のない範囲でどのような疑問詞の訳にでも変えられる。また「もの」も他の名詞におきかえて訳してよい。

　このことは少々補足説明が必要だろう。まずは一例として，次の英文を和訳してみよう。

The old man behaved in what people regarded as a normal manner.

what 節をどう訳すかを中心に構文を分析してみる。

…in ［what people <u>regarded</u>　　as a normal manner］
　　　　　　　　　　　　V　　　　O←ない

　〈読解の原則 24〉で触れたように，what の後ろは必ず不完全な文だから，この場合 regard の目的語がない。what の後ろが不完全な文になるのは what 自身がその位置にあった単語の代わりだからであり，つまりこの文では what が regard の目的語だと考えられる。ところで regard A as B という形の説明はすでにしたが，この時のAが regard の目的語に当たる

ことは一目瞭然だろう。そこで，この文では what が A であるといって差し支えないことになる。

in［what …as a normal manner］
　　　A　　＝　　　　　B

　すると前置詞 as はイコール（〈読解の原則 42〉）だから，what = a … manner が成立する。つまり what＝「方法（manner の訳）」である。こういう場合，what をあえて「もの」と訳さずに，「方法」という訳語を使う方が分かりやすい訳となる。そもそも，「人々が普通の方法だと考えるもの」と訳したのでは，前の前置詞 in との関係が分かりにくい。「人々が普通だと考える方法」とすれば，in＋「方法」は「方法で」と訳すという知識が使えることが分かる。するとこの文の訳は**「その老人は人々が普通だと思う方法で行動した」**になる。

　what の訳を適切な名詞に変えてよいというのはこういうことである。こういう仕組みを知らないと，英作文の場合にも困ることがある。例えば「いちばん近い大学はどこですか」を英訳せよ，と言われたら諸君はどうするだろう。きっと次のように書いてしまう人が多いのではないだろうか。

Where is the nearest university ?

　はじめに断っておくが，この文は誤りである。英文として間違っているというのではなく，与えられた日本語の意味に合わないのだ。諸君が日本語で「いちばん近い大学はどこですか」と問われたら何と答えるだろうか。「東大です」とか「早稲田です」などだろう。つまり，**答えには大学の名称が使われるのだ。「大学の名称」は名詞だから，質問する側も当然名詞に当たる疑問詞を使わなくてはならない。**ところが where は副詞なのである（here の仲間だから副詞だということはすぐに分かるはず）。従って，この疑問文は where で始めることができない。名詞になる疑問詞は who

か what, which であるが, who は「人」にしか使えないし, which なら「〜
と〜のうちで」という選択の範囲が示されるのが普通である。つまり, こ
こでは what しか適切なものがないのだ。そこで, 正しい英訳は次のよう
になる。

What is the nearest university ?

では本文に戻ろう。ここでの問題はそもそも what hurts を何と訳すか
であった。この場合も, 先に「答え」を考えてみよう。本文に登場する例
は「腕が痛い」である。他にも「歯が痛い」「頭が痛い」など, いろいろ
答えは考えられるが, 「腕」にしろ「歯」にしろ「頭」にしろ, 全てに共
通していえるのはこれらがすべて名詞だということである。そこで疑問詞
は what になっているのだ。だが, 私たちが「腕が痛い」という答えをす
る場合, 日本語では「どこが痛いのか」というのが通常の質問である。そ
こで, what hurts を訳す際にはあえて what を「どこ」と訳しておくのだ。
このように, 「訳す」という行為は, 英語と日本語というそれぞれ異なっ
た規則や性質を持つ言語同士の意味が同じになるよう配慮してやることで
ある。だから, 訳す能力を身につけるためには, 諸君は英語のみならず日
本語についてもその特徴をしっかり意識しておかなくてはならない。

さて, そこで話を including what hurts に戻そう。what hurts が include
の目的語であることはすでに述べた通りだから, この部分の訳は「どこが
痛いかを含む」になる。

次に考えることが, (2) でいちばん重要な問題点である。including…
が M であることはすでに証明したが, では, この部分は形容詞・副詞の
どちらなのであろうか。もう一度問題の部分を書いてみよう。

telling [what's on your mind]
 V   O

   , [including [what hurts]]
         V   O

    M

　諸君の中には including の前に comma があるから前にはかからない，という乱暴なことを言う人がいる。そういう人は，comma があると前後の部分はつながらないと決めてかかっている場合が多い。どうも諸君はcomma という記号に期待し過ぎているようだ。だが，実は comma はそんな大それた記号ではないのだ。

読解の原則 58

comma はその「直前の一語」と「直後の一語」が直接結びつかないことを示すだけの記号である。comma の前後で文が大きく切れるとは限らない。

　それでは，何を手がかりに形容詞・副詞の判別をしたらよいのだろうか。これは Ving ／ Vp.p の場合に特にむずかしく見える。だが，ここにもちゃんとした迷いのない判断の根拠があるのだ。

読解の原則 59

Mになる Ving/Vp.p の判別は意味上の主語によって行う。
①意味上の主語がかかる相手なら形容詞
②意味上の主語がその部分全体の主語なら副詞

　準動詞を考える場合に「意味上の主語」という目に見えない要素が重要であることはこれからも折に触れて語ってゆくが，まず諸君はどんな準動詞にも「意味上の主語」が（たとえ直前に書かれていなくても）あること

を認識しておいてもらいたい。この場合，including にも主語があるはず
だからそれは何だろうと考えればよい。つまり，「何が」，「どこが痛いか
を含んで」いるのかを考えるのである。すると，「気になること」が「ど
こが痛いか」を含んでいると考えるのがいちばん合理的だと分かるはずだ。
この言い方で分かりにくい人は同じことを次のように言いかえるとよい。
「どこが痛いかが気になることの中に含まれている。」つまり，what's on
your mind が including の意味上の主語なのである。what's on your mind
は tell の目的語であって，その部分全体の主語ではないことは明らかだか
ら，この including は〈読解の原則 59〉の①に当てはまり，形容詞になる
ことが分かる。そこで「どこが痛いかということを含む，気になること」
とかけて訳すことにする。

訳その２－下線部全訳

「妻にとっては，どこが痛いかということを含めて，気になることを何で
も話すことが愛情である」

(3) 構文的にはむずかしいところはない。問題は the man's の
後に省略された語句である。省略については〈読解の原則 14・32〉を参照。
この場合，省略の直前にある the man's に注目。ここよりも前に人を示す
所有格はないかと探してみる。すると，次のようになっていることに気づ
くはずだ。

　…this woman's point of view

　　　　　　　↓

　…the man's ＿＿＿＿＿＿

これで省略されたものが point of view であることが分かった。もう一つ，not immediately に注意。immediately は「直接に・すぐに」という「強い」意味を持つ副詞だから，部分否定になる（〈読解の原則26〉）。直訳は「すぐに理解したわけではない」だが，「すぐには理解できなかった」としても同じである。

下線部全訳

「夫の観点を私はすぐには理解できなかった」

(4) 前置詞＋名詞をちゃんととばさないと分かりにくい。まずはその部分を書き出してみよう。

　…learn from the beginning to protect women

一見して from 〜 to…に見える人は慌て者。to の後は動詞の原形だからここは不定詞である。そこで from the beginning をとばしてみる。

　…learn…to protect women
　　　V　　　　O

これで「女性を守ることを身につける」と訳せる。不定詞は目的語なのだからもちろん名詞用法。とばしておいた from the beginning は「始めから」でなく「幼い頃から」とすると分かりやすい。

(5) what の性質を正しく理解しないととんでもない間違いをする問題。

I asked what protection had to do with not telling his wife
   V   V

that his arm hurt.
         V

　基本的な構文は上の通り。主節の動詞は asked，主語は I，目的語は what 以下である。

> **訳その1－主節の訳**

「私は～と尋ねた」

　では，what 節をさらに詳しく解剖してみよう。

what protection had to do with…

　諸君の中には英語を慣れと知識だけで読む人がいる。そういう人はここに have to V と do with …という2つの熟語があると思ってしまう。確かにどちらもよく出てくる熟語であるから，そう思いたくなるのも無理はないが，それこそが熟語の落とし穴である。**本来，熟語とは，複数の単語が連なったとき，ある特定の訳し方が「できる」という知識であって，その訳に「必ずなる」ことを保証するものではない。**例えば，have と to と V を組み合わせると「V しなくてはならない」と訳すことは確かにあるが，逆に have to V とあるから必ずそう訳さなくてはならないというわけではないのだ。

　それよりも，諸君が注意すべきは what の用法，中でも「後ろに必ず不完全な文がある」という文法的知識である。文法的知識は，熟語と違って「必ずそうなる」ものだから，こちらを手がかりに考えて行くのが正しい筋道なのだ。

what protection had　　　to do with…
         S   V   O←ない

本文の what 以下で「不完全」な位置を探すと，had の目的語がない，と考えるのがいちばん合理的である。もちろん had の目的語に元々何もなかったわけではなく，本来そこにあった語が what に姿を変えて前に移動しているからである。こう考えると，私たちが探すべき表現は have 〜 to do with ではないかと気づくはずだ。ここまでくれば誰でも have something to do with …を思いつくだろう。これは「…と関係がある」だから，これを利用し，しかも what で疑問の意味を出すと「…と何の関係があるのか」が正しいことが分かる。

> **訳その2−what 節前半の訳**

「守ることが〜と何の関係があるのか」

では，with の後はどう整理すればよいのだろうか。

with not telling his wife [that his arm hurt]

上の図の通り，前置詞 with がつながる相手は telling である。tell には S＋V＋O＋O 文型があるので，his wife を O_1 に，that 節を O_2 に割り当ててやればよい。また，not と準動詞の位置関係は次の原則の通りなので，それに従って tell を否定すればよい。

読解の原則 **60**

準動詞を not で否定する場合，語順は必ず not Ving, not to V の語順になる。

> **訳その3−with 以下の訳**

「妻に腕が痛いと言わないこと」

これで全訳のために必要な部品はすべて揃った。ではそれをつなげて全訳をしておこう。

訳その4－下線部全訳

「私は守ることが妻に腕が痛いと言わないことと何の関係があるのかと尋ねた」

(6) 例によって文の基本構造から始める。

Deciding what to tell his wife <u>reflects</u> this man's…role…
　　　　　　　　　　　　　　　　　V

見ての通りこの文には動詞は1つだから（不定詞を入れないように），接続詞はないはず。だが実際には what がある。これはどうしたことだろうか。その秘密は what の後に不定詞が続いていることにある。

読解の原則61

疑問詞＋to不定詞はひとまとまりになって句を作る。その性質は，
　①全体で名詞の役割をする
　②疑問詞の意味＋「～したらよいか・すべきか」と訳す
　③この句内部の文型は先頭の疑問詞の性質に従う

what to tell…はちょうどこの「疑問詞＋不定詞」の形をしている。従って，①全体で名詞の役割をするから Deciding の目的語となり，②訳は「何を言うべきか」になる。また，③ what の後ろは不完全だから，この場合，tell は S ＋ V ＋ O ＋ O で，目的語が一つ足らない形をしている。

このままでの情報を利用してこの文の前半をまとめると次のような構造が見えてくる。

$$\underbrace{\left[\underset{\text{V}}{\text{Deciding}}\left[\underset{\text{V}}{\text{what to tell}}\ \underset{\text{O}_1}{\text{his wife}}\ \underset{\text{O}_2}{\underline{}}\right]\right]}_{\text{S}}\ \underbrace{\text{reflects}\cdots}_{\text{V}}$$

これで，本文の動詞 reflects の主語は deciding…であると分かった。そこで，本文前半の訳をまとめておこう。

訳その１－主語・動詞だけの訳

「～を決めることは～を反映している」

次に，what to tell…の部分を訳したものを「決める」の目的語の位置におく。

訳その２－本文前半の訳

「妻に何を言うべきかを決めることは～を反映している」

では，動詞の後ろの形を点検しよう。

$$\underset{\text{A}}{\text{reflects}}\ [\underset{\text{=}}{\text{this man's}}\ \underset{\text{B}}{\text{perceived role as her protector}}]$$

すでに何度か語ってきたように，前置詞 as の意味がイコールであることに注目する。単純に reflect の目的語が this man's…role だということしか気づかないと訳が分かりにくくなる。むしろ as による A＝B 全体が目的語であると考えた方がよい。この部分は perceived という Vp.p を除いて下線部（１）の their role as protectors of women と同じ意味になる。perceived は直訳すると「知覚された」であるが，「知覚された役割」では意味が分かりにくい。こういう時，一体「誰が」知覚しているのかを考えるとよいだろう。「知覚」という語がむずかしいなら簡単に「思う」と言い直してもよい。すると，下線部（１）の内容から，「自分の役割＝女性を守ること」と思っているのは「男性」つまりこの夫婦のうちの夫の方

であることが分かる。そこで，この部分では perceived を意訳して「女性を守るのが男の役割だという夫の考え」と最後に「考え」という名詞をおいてまとめてみる。この訳を本文前半の訳につけ加えよう。

訳その３－下線部直訳

「妻に何を言うべきかを決めることは女性を守るのが男の役割だという夫の考えを反映している」

　最後に，reflect が直訳のままでいいかどうかを考えてみよう。「ＳがＯを反映する」とはどういうことだろうか。こういう時，いちばん分かりやすいのは「鏡」をイメージすることだろう。「鏡」は現実の物体を映し出すものだから，「反映する」とは「映し出す」「表す」ことに等しい。そこで，reflect は例えば「ＳはＯの表れである」と訳すこともできる。では，これで最後の訳をまとめてみよう。

訳その４－下線部全訳

「妻に何を言うべきか夫が取捨選択するのは，女性を守るのが男の役割だという考えの表れである」

(7) まず等位接続詞が何をつないでいるのか，しっかり考えてみよう。

　…grows out of and reinforces the alignment…

　and のすぐ後に動詞（三人称単数現在のｓがついたもの）があるので，つなぐ相手が前の grows であることには誰でも気がつくはずだ。問題は，grows out of に目的語がないことである。このような場合，後ろの reinforces の方はどうなっているか考えてみる必要がある。この部分が何かの理由で不完全な文になるとすれば，等位接続詞ではさまれた reinforces の方にも目的語がないはずだからである。だが，誰でも気づく

ように，reinforces には the alignment という目的語がある。もし，一方
に必要な目的語が欠けていて，一方には目的語が書いてあるのだとすれば，
この部分は「同じ形」ではないから等位接続詞ではつなげないことになる。
だが，どう見ても，grows と reinforces をつなぐ以外に手はないのだ。

　このような場合，たった一つの解決策は the alignment が reinforces の
目的語であるだけではなく，grows out of の目的語でもある，と考えるこ
とである。

$$
\cdots \left[\begin{array}{l} \text{grows out of} \\ \text{reinforces} \end{array}\right] \text{the alignment}
$$

　そこで，訳す場合には，the alignment が grows out of の目的語でもあ
ることが分かるように，「the alignment から生まれ，そして the alignment
を強めている」とするとよいだろう。

　the alignment には「予告の the 」がついているから，by which 以下
は alignment にかける。その時には次の原則を利用しよう。

読解の原則 *62*

前置詞＋関係代名詞節には次の性質がある。
①後ろには「完全な文」がある
②節の先頭にある前置詞は，節の末尾に移動しても同じ
**　である**
③前置詞＋関係代名詞自身には，特に訳は必要ない
④前の名詞につなげる場合，「〜という」という言葉をは
**　さむと日本語になりやすい**

　①と②は文法的には同じことである。本来関係代名詞の節が「不完全な
文」になることは〈読解の原則 28〉で説明したが，前置詞＋関係代名詞
節の場合，後ろには「完全な文」が来る。次の例文を見てみよう。

$$\text{Who is the man} \begin{bmatrix} \text{whom your son is speaking to} \\ \text{to whom your son is speaking} \end{bmatrix}?$$

　この文後半の二つの関係代名詞節の意味は全く同じである。ただ，本来の形は上の方である。この場合，whom の後ろは to の目的語が欠けた「不完全な文」である。だが，to の目的語は whom になって前に動いたのだから，その時に to を一緒に前につれてきても構わない。そのように前置詞を前に移動したのが下の形である。この時，上の文が不完全になる原因を作っていた to が前に移動してしまったから，自動的に後ろは完全な文になる理屈である。そして，このようないきさつで作られた「前置詞＋関係代名詞」だから，その前置詞を節の末尾に移動するのは，単に元の形に戻してみせているに過ぎない。だが，これも場合によっては重要な発見の手がかりになることがあるので常に意識しておいてほしい。

　では，the alignment 以下の整理をしよう。

…the alignment [by which he is 〈in a superior position〉]
　　　　　　　　　　　　S V M

　前置詞＋関係代名詞の後ろは完全な文であり，in a…position は M だから，この節の is は S ＋ V 文型である。この文型の場合，〈be〉動詞は「ある・いる・存在する」という意味だから，この節の直訳は「夫がより上の立場にいる」になる。主語が「夫」なのだから，superior によって対比されているのは当然「妻」である。by which 自身の訳は不要だが，alignment につなぐのに「～という」という言葉をはさむと分かりやすくなる。間に示したように alignment の辞書的な意味は「整然と並んだもの」であるが，by which 以下をかけることによって，ここで並んでいるのが「夫」と「妻」であり，しかもその間には「上下関係」であることが分かった。そこで alignment の訳は「序列」，さらにはこれが夫の考えであることを利用し

て「序列意識」としておこう。

　次に，主語の it は何を指しているのかを考えよう。もし「訳せさえすれば理解はどうでもいい」というなら it は「それ」でいいだろうが，**本当に内容を理解したいのであれば，どういう場合でも代名詞の意味を特定することは大切である**。一方，諸君が代名詞の意味を特定するのを面倒くさがるのは，一つにはその探し方がきちんと確立されていないせいである。こういう場合，諸君はすぐ「前後の内容から」「文脈で」などという根拠にならない根拠を挙げるが，そういうやり方はちっとも科学的ではない。だいたい，文章を書く立場に立ってみれば，もし読者がこんないい加減な方法で代名詞を理解するのであれば，恐ろしくて代名詞など使えたものではない。筆者が代名詞をためらわずに使うのは，全ての読者がその代名詞の指すものを正しく理解できることが保証されていると感じるからである。だから，諸君も，代名詞を決めるときに「文脈」などという非科学的なことを言わずに，明確な文法的根拠を持って指すものを探す努力をすべきである。

　さて，この it の指すものを示す最大の手がかりは，文頭の But である。こういうことを言うと驚く人がいるだろうが，まあ最後まで聞きなさい。But は等位接続詞で，前後に同じものが来るが，後ろにあるのは it…grows …and reinforces…という文の主節だから，当然この But でつながる相手は前の文の主節ということになる。前の文の構文分析は (6) でやったので，それを利用すると，次のような図ができあがる。

　Deciding…reflects…
　　　S　　　　V

　But
　it…grows…and reinforces
　S　　　　V

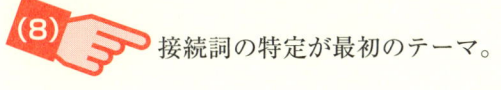

そこで，〈読解の原則 33〉を利用すれば it の内容は明らかになる。

　But の後の文は「同じ形の反復」の 2 回目に当たる。ここの主語に代名詞 it が使われているのだから，この it は 1 回目，つまり前の文の主語という対応する位置にあるものを指している。だから it は Deciding…である。

　これで訳の準備はすべてできた。せっかくだから it の内容を示しつつ和訳しよう。

> **下線部全訳－直訳**

「だが同時に，妻に何を言うべきかを決めるということは，夫の方が立場が上だという序列意識から生まれているものであり，その意識をいっそう強めるものでもあるのだ」

> **下線部全訳－意訳**

「だが同時に，妻に何を言うべきかという決定権が夫にあるということは，夫の妻に対する優越感から生まれたものであり，また夫にこの決定権があることによって，そういう優越感はいっそう強まってもいくのである。」

(8) 👉 接続詞の特定が最初のテーマ。

　…the imparting of…information <u>is</u> the…material of intimacy,

<u>so</u>

withholding such information <u>deprives</u> her of the closeness

<u>that</u> <u>is</u> her lifeblood

　動詞は全部で 3 つだが，従属接続詞は that 1 つである。そこで，〈読解の原則 36〉によってもう 1 つの接続詞を探すと，等位接続詞の so があると分かる。そこで，so は is the…material の is と後ろの deprives をつないでいると考える。is the…material の前に接続詞はないから，この文には主節が 2 つあることになる。

では，最初の主節から考えていこう。〈be〉動詞の文型はS＋VかS＋V＋Cだから，Mになることが分かっている前置詞＋名詞をはずして要素を特定しよう。

…the imparting…is the…material…
　　名詞　　　　　　　名詞

〈読解の原則52〉によれば，前置詞のつかない全ての名詞は動詞のS，O，あるいはCだから，この場合，the imparting ＝ S，the …material ＝ Cに割り当てる。S＋V＋Cになる〈be〉動詞の訳は「S＝Cだ」なので，中心の訳は「the imparting は the …material だ」になる。

　the imparting が主語，従って名詞であることはこれで分かったが，ではこの imparting は動名詞だろうか。答えは No である。次の原則を理解してほしい。

読解の原則 *63*

Ving が名詞になる場合，「動名詞」と「ただの名詞」とがある。

名詞の種類	他動詞の場合，目的語を	冠詞
動名詞	とる	つかない
名詞	とらない	つく

　動名詞とは，全体で名詞の働きをしながら，動詞自体は文型を持って必要な要素を従えるという，名詞と動詞の特徴を同時に持った語である。

　動名詞の唯一の制約は，前に冠詞がつかないことである。前に冠詞がついている場合，その Ving はただの名詞である。本文の imparting には the がついているので，これは動名詞ではなくただの名詞になる。ところが，動名詞でなくなると，今度は文の要素を従えることができない。本文

の場合，impart は他動詞だが，the がついてしまうと目的語をとることができないのである。そこで，目的語に当たる語を書く場合には，〈読解の原則44〉で説明した「目的格の of」をつけなくてはならないのである。そこで，the imparting of personal information の訳は「個人的な情報を伝えること」となる。

訳その１－最初の主節の訳

「個人的な情報を伝えることは愛情の基本的な要素である」

２つ目の主節は，deprive A of B「AからBを奪う」という動詞の構文で作られている。主語は withholding，今度は冠詞がないのでこれは動名詞であり，such information という目的語を従えている。また，that の後ろには主語のない文があるから that は関係代名詞である。

withholding such information
V   O
S

deprives her of the closeness ┌ that is her lifeblood ┐
V   A   B   Sない   C

そこで，訳の基本は，「withholding …は her から closeness を奪う」になる。

訳その２－２つ目の主節の訳

「そういう情報を隠すことは彼女から愛情を奪ってしまう」

that が関係代名詞であることはすでに書いたが，かかる相手はもちろん closeness である。closeness にも「予告の the」がついているので安心してよい。that 節の動詞 is は S ＋ V ＋ C だから訳の基本は「her lifeblood である」になる。

訳その3－so 以下の直訳

「そういう情報を隠すことは彼女から彼女の生きる力である愛情を奪ってしまう」

これを等位接続詞 so で前とつないでやれば終わりである。

訳その4－下線部全訳

「彼女の考えでは，自分のことを話すことは愛情の基本的な要素であり，だからこそ，そういうことを隠せば彼女の生きる力である愛情が奪われることになるのだ。」

この全訳では，deprive A of B を意訳してある。「SはAからBを奪う」は，言いかえれば，「SのせいでAはBを失う」になる。

このように，英語では（主語＝原因）→（述語＝結果）という関係になる主語述語があるが，そういう場合，和訳ではその「原因→結果」関係を生かしてやるとよい。

最後に，問8（b）の選択肢を解説しておく。

（ア）述語動詞は is，すると主語は Keeping である（hours は複数だから is の主語のはずはない）。これで Keeping は名詞と決まったが，「動名詞」かどうかは文型を持つかどうかで決まる。early hours は名詞だから〈読解の原則 52〉のいずれかの働きをしなくてはならないので，keep の目的語と考える他はない。目的語をとっているのだからこの keep には文型があり，「動名詞」になる。

（イ）述語動詞は improve。これは S＋V＋O だから目的語が our understanding。これで understanding は名詞と決まる。understand は他動詞なので，もしこれが動名詞なら目的語をとれるから，the nature の前の of は不要。of があるということは，この understanding は「動名詞」ではない。

（エ）述語動詞は are，beings は主語になる。動名詞であれ，ただの名詞

であれ，「動作」の意味を持つ名詞は数えられない。この being には s が
ついているので「生物」という「普通名詞」である。

全訳

　　夫婦関係におけるコミュニケーションについて複数の夫婦と話して
みて，夫の方がなぜそのような話し方をするのかを説明するのに、『妻
を守るのが自分の務めだ』と言うことがあまりにも多いのに私は驚い
た。例えば，ある夫婦が最近の夫婦喧嘩について話してくれたことが
ある。妻があるとき，夫が一方の腕をかばっているのに気づいてその
理由を尋ねると，実は腕が痛いんだと言う。妻が，痛くなってどのく
らい経つのかと尋ねると，夫は「もう何週間かになるよ」と答えた。
夫が驚いたことに，妻はそれを聞いてひどく腹をたてた。「いいわよ。
そんな風に他人行儀なことをするんならもう知らないからね。」

　　妻にとっては，どこが痛いかということを含めて，気になることを
何でも話すことが愛情だった。腕が痛いと言わなかったことによって，
夫は妻を遠ざけていたことになる。私には，彼女の言い分がすぐに分
かった。だが，夫の立場はというと，私にはにわかに理解しかねた。
自分の立場からこのいきさつを説明するに当たって夫は「男は子供の
頃から女性を守るように教育されていますからね。」と言った。この
言葉に私は当惑した。守ることと腕が痛いと妻に言わないことに何の
関係があるのですか，と私が尋ねると，「私は妻を守っているわけです。
痛みはたいしたことではない，あるいはどうせ消えてしまうものなの
ですから，何もそんなことを言って妻を心配させなくてもいいでしょ
う。」と夫は答えた。

　　妻に何を言うべきか夫が取捨選択するのは，女性を守るのが男の役
割だという考えの表れである。だが同時に，妻に何を言うべきかを決
めるということは，夫の方が立場が上だという序列意識から生まれて
いるものであり，その意識をいっそう強めるものでもあるのだ。夫の
方が妻より強いのであり，彼が話すことによって妻を心配させる力が
ある，というわけだ。この夫は，妻が感じているのと違い、自分が愛
情を削り落とそうとしているのだということに気づいていない。愛情
は単に夫の側の問題ではないのだ。妻の側からみれば、自分のことを

話すことは愛情の基本的な要素であり，だからこそ，そういうことを隠せば彼女の生きる力である愛情が奪われることになるのだ。同じことを夫婦がこのように違った解釈をするのは，2人の立場が異なっているせいである。2人は，考えの波長がかみ合っていないのだ。

問の解答

問1 (a) どれほど (b) referred to (c) spoke (d) （イ）

問2 (a) 動名詞で meant の目的語

  (b) 形容詞的分詞で what's on your mind にかかる

問3 (a) point of view

問4 to protect women

問5 (a) had, to (b) have something to do with

  (c) 名詞節で telling の目的語

問6 (a) 主語 = Deciding 〜 wife，動詞 = reflects，目的語 = this…role（as her protector）

問7 (a) the alignment (b) 妻 (c) 序列

問8 (a) 主語 = the imparting，補語 = the fundamental material

  (b) （イ） (c) of (d) 関係代名詞

英文読解 6

英文読解 ⑥ 問題

次の文章を読み，後の問に答えよ。

　The values of the group are reflected in personal values. (1) Many Americans, especially (but not only) American men, place more emphasis on their need for independence and less on their need for social support. (2) This often requires paying less attention to the super message level of talk――the level that comments on relationships――focusing instead on the information level. (3) The attitude may go as far as the conviction that only the information level really counts――or is really there. (4) It is then a logical conclusion that talk not rich in information should be dispensed with. Thus, many daughters and sons of all ages, calling their parents, find that their fathers want to exchange (5) whatever information is needed and then hang up, but their mothers want to chat, to "keep in touch."

　American men's information-focused approach to talk has shaped the American way of doing business. Most Americans think it's best to "get to the point" as soon as possible, and not "waste time" in small talk (social talk) or "beating around the bush." (6) But this doesn't work very well in business dealings with Greek, Japanese, or Arab colleagues for whom "small talk" is neccessary to establish the social relationship that must provide the foundation for conducting business.

（駒沢大・経）

問1 下線部（1）について，次の問に答えよ。

（ a ）less on their need の部分には 1 語省略がある。どこに何を補えばよ

いか答えよ。

（b）下線部全体を和訳せよ。

問2 下線部（2）について，次の問に答えよ。

（a）focusing と同じ用法の Ving を次から一つ選び，記号で答えよ。

（ア）We can never reach the complete understanding of others.

（イ）There is no possibility of his turning up in time.

（ウ）We heard a woman singing merrily in the bath.

（エ）Japanese are often said to be similar to a school of small fish, doing as others do.

（b）the level that comments on relationships と同じ用法の that を次から一つ選び，記号で答えよ。

（ア）His lecture was in such a high level that some of the audience was quite unable to understand it.

（イ）The problem stems from the fact that no one knows what will happen next.

（ウ）In the progress of our civilization so much that was beautiful and significant has been lost.

（エ）That he said so in his speech is true.

（c）下線部全体を和訳せよ。

問3 下線部（3）について，次の問に答えよ。

（a）the conviction that… と同じ用法の that を次から一つ選び，記号で答えよ。

（ア）His lecture was in such a high level that some of the audience was quite unable to understand it.

（イ）The problem stems from the fact that no one knows what will happen next.

（ウ）In the progress of our civilization so much that was beautiful and significant has been lost.

(エ) That he said so in his speech is true.

(b) counts の意味に最も近いものを次から一つ選び，記号で答えよ。

(ア) is superficial

(イ) is numerous

(ウ) is important

(エ) is false or wrong

(c) 下線部全体を和訳せよ。

問4 **下線部（4）について，次の問に答えよ。**

(a) a logical conclusion that…と同じ用法の that を次から一つ選び，記号で答えよ。

(ア) His lecture was in such a high level that some of the audience was quite unable to understand it.

(イ) The problem stems from the fact that no one knows what will happen next.

(ウ) In the progress of our civilization so much that was beautiful and significant has been lost.

(エ) That he said so in his speech is true.

(b) should be dispensed with の主語は何か。1 語で抜き出せ。

(c) 下線部全体を和訳せよ。

問5 **下線部（5）について，次の問に答えよ。**

(a) この節の品詞と役割を答えよ。

(b) 下線部を和訳せよ。

問6 **下線部（6）について，次の問に答えよ。**

(a) this の内容を簡潔に日本語で説明せよ。

(b) to establish と同じ意味・用法の不定詞を次から一つ選び記号で答え

よ。

（ア）It was necessary to make clear what was the core of the problem.

（イ）He has no one to make friends with.

（ウ）We stepped aside for her to pass.

（エ）We were surprised to know what he had done.

（オ）It took me two days to read through the book.

（ c ）the social relationship that… と同じ用法の that を次から一つ選び，記号で答えよ。

（ア）His lecture was in such a high level that some of the audience was quite unable to understand it.

（イ）The problem stems from the fact that no one knows what will happen next.

（ウ）In the progress of our civilization so much that was beautiful and significant has been lost.

（エ）That he said so in his speech is true.

（ d ）small talk とはどのようなものか。日本語で簡潔に説明せよ。

（ e ）下線部全体を和訳せよ。

英文読解 6 解説

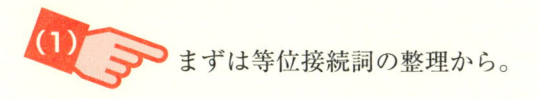

(1) まずは等位接続詞の整理から。

$$
\text{Many Americans, } \cdots\text{, place}
\begin{cases}
\text{more emphasis on their need} \cdots \\
\text{and} \qquad \downarrow \\
\text{less} \qquad\qquad \text{on their need} \cdots
\end{cases}
$$

　見ての通り，and がつないでいるのは more と less である。さらに，後ろの on の位置に注目すると，less の後には emphasis が省略されていることも分かる。place emphasis on 〜は「〜を強調する」だが，less は否定の意味を含むことを考慮すると後半は「あまり〜を強調しない」と否定的に訳せばよい。more は less の反対語と考え，否定の反対で肯定的な訳を与える。

　すでに示した通り，especially American men, は挿入である。〈読解の原則 16〉によれば挿入の働きは「副詞」あるいは「同格」だが，前の名詞 Americans と挿入内部の American men は同類だから「同格」と考える。ただし，especially は「中でも」と訳すことができ，前に書かれたものの一部を抜き出す意味を持つから，「アメリカ人」の一部である American men は「アメリカの男性」である。なお，（　）の中の but not only は，American men の補足説明で，「男性だけではない」，つまり女性にもいるのだということを示している。

> **下線部全訳**

　「多くのアメリカ人，中でも男性は（女性にもいるが），自立の必要性を強調して社会的援助の必要性をあまり強調しない」

(2) 挿入を作るのは comma ばかりではない。dash（――）ではさまれた部分も挿入と考えられる。本文では，この挿入をはじめにとばしておかないと構文のポイントを見損なうことになる。そこで，挿入をとばした形を書いてみよう。

This…requires paying less attention to the…level of talk, focusing… on the…level

ここで気づかなくてはならないのは，paying と focusing の関係である。pay attention to 〜は「〜に注意を払う」であり，focus on 〜は「〜に焦点をあてる」である。つまりこの2つは表面上の言い回しは違っても，本質的には同じ内容の表現なのだ。しかも，2つとも Ving という同じ形で書かれている。このように，意味上も同類で文法的にも同じ形をしているのだから，等位接続詞ではさまれていなくてもこの2つは「同じ働き」をしていると考えるのが正しい。そこでこの2つを並列して書き直してみよう。

$$
\underset{\text{S}}{\text{This\dots}} \underset{\text{V}}{\text{requires}} \underset{\text{O}}{\left[\begin{array}{l} \text{paying less attention to the\dots level of talk} \\ \text{focusing\dots on the\dots level} \end{array} \right.}
$$

これで，paying, focusing ともに動詞 requires の目的語（つまり動名詞）であることが分かり，しかも focusing on the…level の後に，上と同じく of talk が入ることも発見できる。

require は S + V + O で，しかも上の図に示す通りそれぞれの要素は見つかっている。だが，この動詞を直訳しても内容はつかみにくい。「SはOを要求する」というのは，「SにはOが必要だ」「SのためにはOがなくてはならない」「SのせいでOが必要になる」などと言いかえられる。こ

英文読解

6

れを利用して訳の基本を作ってみよう。なお，前にも書いたように，often の訳は「～することが多い」である。

訳その１－主節中心部の訳

「このせいでどうしても pay し，focus するようになることが多い」

では，paying 以下を考えよう。pay attention to と focus on がほぼ同じ意味であることは先に書いた通りだが，pay less attention には less が含まれているので否定の意味になる。一方 focus on の方には否定語はないので肯定の意味である。そこで，the super message level を A，the information level を B とおくと，この部分の訳は「A を軽視し，B に注目する」になる。

ところで，A，B はそれぞれどう訳していったらよいのだろうか。こういう場合も，**単語の表面的な意味に振り回されるのではなく，文の論理関係から適切な意味を発見する努力が大切である。**

ここでは，「A を軽視し，B に注目する」と，A，B それぞれがついている述語が反対の意味を持っていることを利用しよう。これにより，A と B の内容もまた反対でないと文の論理が成り立たないことが分かる。B の the information level は直訳すると「情報のレベル」になる。「情報」とは，「言葉」のことだから，ここで言う「情報のレベル」とは「言葉のレベル」である。とすると当然 A はその反対だから，「言葉でないレベル」ということになる。このあたりで A の語句そのものに注目してみよう。message は information と同義だから，A が B と反対の意味になるためには前の super が内容を逆転させる意味を持っていなくてはならない。super には「～を超えた」という意味があるから，直訳すると「言葉を超えた」，言いかえれば「言葉でないレベル」であり，ちょうど B の内容と反対になった。

これで挿入部分以外の訳が完成する。まとめておこう。

訳その２－挿入以外の部分の全訳

「このため，どうしても会話の中の言葉を超えたレベルを軽視し，言葉で伝わる部分に注目することが多くなる。」

instead は単独の場合副詞で「反対に」「そのかわりに」であるが，Aと
Bの内容が反対なのは分かっているのだからあえて訳出しなくてもいいだ
ろう。

では次に挿入をまとめる。

the level [that comments on relationships]
          V

　構文は見ての通り。ここに動詞 comments があるから主節の requires
とあわせて通算で動詞は２つ，従って接続詞は１つある。それが that で，
しかも that の後ろには主語がないので不完全だから that は関係代名詞で
ある。関係詞節は形容詞でMだから，前の the level にかけるだけ。つまり，
この挿入では先頭の the level の処置さえ決めればよいことになる。挿入
は「副詞」か「同格」だったから，ここでは前の the super message
level と同格と考えればすむ。

　さらに，that 節の訳を詰めておこう。comment on 〜は「〜について語る・
触れる」だから，「relationships に触れるレベル」としよう。relationships
の訳は，ここまでしか読んでいない段階では意味を特定するのがむずかし
いが，下線部（5）あたりまで読むと「人間関係」のことであると分かっ
てくる。

> **訳その３－下線部全訳**

「このため，どうしても会話の中の言葉を超えたレベル，つまり人間関係
に触れるレベルを軽視し，言葉で伝わる部分に注目することが多くなる。」

　最後に，問の選択肢を分析しておこう。
（a）Ving の用法選択。動名詞を選ぶ。
　（ア） the understanding は reach の目的語だから名詞であるが，冠詞が
　　　ついているので動名詞ではない（〈読解の原則 63〉）。「われわれは
　　　決して他者を完全に理解することはできない」

(イ) of his turning up で，of の目的語が turning なのは一目瞭然。his は意味上の主語（〈読解の原則 19〉）だから，これは動名詞でよい。**「彼が遅刻せずに現れる可能性は全くない」**

(ウ) heard が知覚動詞であることに注目。知覚動詞はＳ＋Ｖ＋Ｏ＋Ｃ文型をとるので singing はＣ。だが，文の要素になるからといって名詞とは限らない。Ｃが名詞になるか形容詞になるかは次の基準で決める。

読解の原則 64

Ｓ＋Ｖ＋Ｃの場合はＳ＝Ｃ，Ｓ＋Ｖ＋Ｏ＋Ｃの場合はＯ＝Ｃが「厳密に」成り立つ場合だけ名詞が補語になる。ここで言う「厳密に」とは，例えばＳ＋Ｖ＋Ｃの場合，Ｓが「人」ならＣにくる語が「人」の場合だけ名詞でよい。それ以外の場合，Ｃには必ず形容詞をおく。

この原則は少し補足説明が必要だろう。例えば，「彼は病気だ」を英訳するとき，次のような誤りをする人がいる。

He is illness.（×）
　　　名詞

だって「彼＝病気」だからいいじゃないか，と思う人もいるだろう。だが，〈読解の原則 64〉に書いたように，Ｃが名詞の場合，ＳとＣは「厳密に」同類でなくてはならない。「彼」はあくまでも人間であり，「病気」は人間ではないから，この文ではイコールは厳密には成り立っていない。こういう場合，Ｃは形容詞にすればよい。Ｃが形容詞の場合，「ＳはＣの状態だ」という意味になるだけで，完全にイコールが成り立たなくてもよいのだ。だから，「彼は病気だ」を英訳する場合は，次のようにするのが正しい。

He is　ill.（○）
　　　形容詞

　こういうルールは，不定詞・Ving などの品詞決定にもさりげなく使われることがある。例えば，次の文の不定詞は形容詞用法と言われるが，なぜか分かるだろうか。

He seems to have a lot of money.

　その秘密は seem の文型にある。この動詞は必ず S ＋ V ＋ C になるから，この不定詞は C である。だが，「彼」＝「金を持っていること」は厳密にはイコールとは言えない。つまりこの C は名詞ではおかしいのだ。その場合 C は形容詞に分類されるから，この不定詞は形容詞用法だと言われるのである。

　選択肢（ウ）は S ＋ V ＋ O ＋ C だから，O と C に厳密にイコールが成立するかどうか考えてみよう。a woman ＝ singing のはずがないことはもう言わなくても分かるだろう。イコールが厳密に成り立たない場合 C は形容詞であるから，この singing は「形容詞的分詞」である。**「女の人が風呂場で楽しげに歌っているのを聞いた」**

（エ）文型は similar までで終わるし，その後 doing の前は前置詞＋名詞だけなので doing 以下は M である。これで doing が動名詞のはずはないことが分かった。doing が形容詞なのか副詞なのかの分類はその意味上の主語で選べばよい（〈読解の原則 59〉）。この文の場合，「他人と同じことをする」のは「魚」より「日本人」の方がぴったりする。つまりこの doing の意味上の主語は「全体の主語」だから doing は副詞，つまり分詞構文になる。あとは〈読解の原則 35〉に示した意味の中から選択すればよい。**「他の人がするとおりのことをするから，日本人は小魚の群れと似ていると言われることが多い」**

（ b ）that の用法選択。関係代名詞になるものを選ぶ。

（ア）

His lecture <u>was</u> in such a high level
V

<u>that</u> some of the audience <u>was unable to understand</u> it.
V

　まず，that の後ろの動詞 understand の要素は揃っているので that は接続詞。そこで that 節は名詞節か副詞節になることが分かる。ここで仮にthat 節が名詞節だとすると，この that 節は主節の動詞 was の補語だということになるが，それなら His lecture ＝ that 節となるはずである。だが，「彼の講演」＝「人によって彼の講演は理解できないこと」では，何のことだか分からなくなる。つまり，最初の前提である「that 節＝名詞節」という仮定が誤りだったことになる。これでこの that 節は副詞節だと証明されたわけだ。そこで〈読解の原則 34〉からその用法を選ぶと，such ～that の構文であることが分かる。ちなみに，主節の動詞 was には補語がない。この〈be〉動詞は S ＋ V 文型（意味は「存在する」）なのである。**「彼の講演は，一部の聴衆には理解できないほどレベルが高かった」**

（イ）

The problem <u>stems</u> from the fact
S　　　　V

[<u>that</u> no one <u>knows</u> [<u>what</u> <u>will happen</u> next]].
S　　V　　O　　　　v

M

　構文分析は上の通り。主節の動詞 stem は S ＋ V 文型なので，that 節は

Mになる。また，the fact と the がついているので that 節は fact にかけなくてはならない。では，that 節の内部を見てみよう。動詞 knows は S + V + O だから，主語と目的語が揃っていれば完全になる。要は，what 節が目的語になればよい。〈読解の原則24〉の①により，what 節は必ず名詞節になるから，この文では knows の目的語であると言ってよい。つまり that の後ろは「完全な文」で，that は接続詞である。接続詞でしかも前の名詞にかかる that は「同格」である。「その問題は，次に何が起こるか誰にも分からないという事実から生じている。」

(ウ)

In the progress of our civilization

so much ⎡ <u>that</u> <u>was</u> beautiful / significant ⎤ <u>has been lost</u>
         S   V   V

全体の構文は上の通り。that の前に so があるからと安易に so ～ that 構文にしてはいけない。前にも書いた通り，so ～ that 構文では that は接続詞である。この文の場合，that 節の動詞 was の主語がないからこの that は関係代名詞である。さらに，関係代名詞節はすべて形容詞節だから，その前にある単語 much は形容詞のかかる相手，つまり名詞であると分かる。諸君の中には「much は形容詞か副詞のはずだ」と言う人もいるだろうが，そういう人は次の原則を知っておくとよい。

読解の原則 65

数量を表す形容詞（many, much, all, few, little, some など）は，形容詞の性質を持ったままで名詞としても使える。

そこでこの文では much が主節の動詞 has been lost の主語として働いていることが分かるのだ。「**文明の進歩の中で，かつて美しくて有意義であった多くのものが失われてしまった**」

(エ)

[That he said so in his speech] is true.
S　　S　V　O　　　　　　V　C

正しい構文判断は上の通り。That 節は完全だから That は接続詞。主節の動詞は is である。is の前の名詞 speech には前置詞 in がついているので主語にはならない。とすると，先頭の That 節が主語だと分かる。「**彼がスピーチの中でそう言ったのは事実だ**」

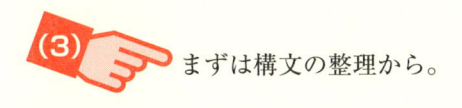

(3) 👉 まずは構文の整理から。

The attitude may go as far as the conviction
　　　　　　　V

　　　　　　　　　　　　　　　really counts
　　　　　　　　　　　　　　　　　　V
that only the information level or
　　　　　　　　　　　　　　　is really there
　　　　　　　　　　　　　　　V

等位接続詞 or によって，counts と is が並列されている。そういう場合，この2つの動詞をまとめて1つと数えるから，これと may go とで動詞は計2つと計算する。すると接続詞は1つで that。主節は may go と分かる。

主節の動詞 go は普通 S＋V 文型だから，as far as the conviction は M。as far as の前には名詞がないので副詞となる。もちろん as ～ as は比較構文。ここまでの分析に基づいて主節を直訳してみよう。

訳その１－主節の直訳

「その態度は，確信と同じくらい遠くまで行くことがある。」

　またしても，何だかよく分からない直訳である。だが，「比較」という概念について，次のように考えれば解答の手がかりが得られる。

　次の２つの英文を見比べてみよう。

He is old.（彼は年寄りだ）

He is as old as I.（彼は私と同じ年だ）

　上の，比較の使われない英文では，old は明らかに「年寄り」という意味である。つまり，この文から読み取れる「彼」の年齢は，おそらく60歳以上であろうか。一方，比較の使われている下の文の場合，「彼」「私」は，別に年寄りである必要はない。よしんば２人が５歳だとしても，この文は成り立つのである。ここから，「比較」の構文で使われる形容詞・副詞は，例えば「年をとった」という元の意味を失って，「年齢」という，どちらかと言えば名詞的な意味で機能するようになることが分かる。

　これと同じ理屈で考えてみると，本文の far という副詞は，「遠い」という本来の意味を失って，「距離」「（到達する）ところ」という名詞的な意味で機能しているのだということが分かってくる。そこで，それを利用して訳を少し変形してみよう。

訳その２－主節の意訳その１

「その態度は確信と同じところまで行くことがある。」

　この訳を利用してさらに変形を続けよう。その対象となるのは「確信と同じところまで行く」である。中でも「同じ」に注目しよう。これはもちろん「イコール」のことであるから，「イコール」を意味する別の言葉に置き換えてもよいはずである。そこで，「同じ」を，同格を意味する「～という」に変えてみる。すると，「確信というところまで行く」になる。

こうしてみれば、「というところ」という日本語に意味はないも同じだからそれを消去できることに気づく。これで「確信にまで行く」となったが、この「行く」は「なる」と言い換えてもいいだろう。これでこの部分の意訳が完成する。

訳その３－主節の意訳その２

「その態度は確信にまでなることがある。」

なお、先ほどから、訳の文末が「〜ことがある」になっているのは助動詞 may の訳である。よく「may ＝かもしれない」と覚えている人がいるが、「かもしれない」というのは、「そうなる可能性がある」ということだから、「〜ことがある」と言い換えても差し支えない。

では、that 節の訳に行こう。この that 節が前の conviction にかかることは、conviction の前に the があることですでに明らかである（〈読解の原則 10〉）。問題は、that が接続詞・関係代名詞のいずれかということだ。この時、**肝心なのは、that 節には動詞が２つあるので、どちらの動詞で考えても同じ結論が出なくてはならない、ということである**。動詞としては is の方が見慣れた動詞だから、ついこちらで考えたくなるが、〈be〉動詞には S ＋ V 文型と S ＋ V ＋ C 文型とがあって、どちらに解釈するかで「完全」「不完全」も変わってくる。そこで、迷いの出るこちらの動詞で考えるのは諦めて、counts の方でいってみよう。

まず、この動詞のここでの意味だが、これは主語が the information level であるということから簡単に推測がつく。下線部（2）で訳したように、「the information level を重視する」という表現がすでに出ているから、これを information level が主語になるように書き換えると「the information level が重要だと考える」という意味の関係が見えてくる。そこで、主語が同じ counts の意味は、やはり「重要だ」であると結論できる。この意味から考えてみても、この動詞 counts は、当然自動詞で S ＋ V 文型だから、完全な文になる。そこでこの that は接続詞、つまり同格である。さらに、この that が接続詞であるということから、当然 is really there

の部分も完全だと考えなくてはならない。すると，isはS＋V文型で「ある・存在する」という意味だと分かってくる。ただし，訳す際には，「the information levelだけが存在する」よりは，それを裏返して「the information levelしかない」とした方がおさまりはよいだろう。

訳その４－下線部全訳

「その態度は，言葉で伝わる部分だけが重要なのだ，あるいは，その部分だけしか存在しないのだという確信にまでなることがある。」

(4)

It is a…conclusion
S V　　　　C

that talk not rich in information should be dispensed with.
　　　　　　　　　　　　　　　　　　V

　上の図の通り，この文の動詞は２つ，主節の動詞はisで，１つある接続詞・関係詞はthatである。つまり，この文はIt is〈A〉that…という形をしているのだ。

　このIt is〈A〉that…はいわゆる「仮主語構文」の場合と「強調構文」の場合があるので注意が必要である。その判別は次の原則によって行う。

読解の原則66

It is〈A〉that…は，次の基準で判別する。
　① 〈A〉が形容詞→仮主語構文
　② 〈A〉が副詞→強調構文
　③ 〈A〉が名詞→ that以下が完全な文なら仮主語構文
　　　　　　　　　　that以下が不完全な文なら強調構文
　④ 〈A〉が前置詞＋名詞→強調構文
ただし，前置詞＋名詞がof＋抽象名詞なら仮主語構文

このような判断は，強調構文の特徴に基づいている。強調
できるものは名詞・副詞のどちらかであるから，it is と that の間の部分（つ
まり〈A〉）が形容詞ならば，強調構文のはずはない。また，強調構文によっ
て強調されているものが名詞の場合，その名詞（〈A〉の位置にあるもの）
は，本来あるべき位置（that 以下）からここに移されたものなので，that
以下は不完全になっているはずである。この性質を原則としてまとめたの
が〈読解の原則 66〉である。
　そこで，本文の that 節の内容を見てみよう。

that <u>talk</u> not rich in information <u>should be dispensed with.</u>
　　　S　　M　　　　　　　　　　　　V

　まず，この節の主語が talk であることに気づこう。主語になれるのは
もちろん前置詞のついていない名詞だけである。information には in がつ
いているから主語にはなれない。rich は形容詞だから，最初から問題外で
ある。
　そこまで分かっても，この部分は不完全だ，と思う人はいるかも知れな
い。そういう人は，with の目的語がない，と言うはずだ。たしかに，
with の目的語は書かれていない。では，本当に不完全なのだろうか。も
ちろん，答えは No である。
　should be dispensed with が受動態であることに注意してほしい。〈読
解の原則 51・53〉でやったように，受動態は動詞の目的語を主語に移し
たものだから，元目的語のあった位置は「空白」になっているのが正しい。
この場合，dispense with ～で「～なしですます」だから，with の後ろが
この動詞の目的語である。すると，受動態の場合 with の目的語は消えて
しまう道理だから，この部分は「完全な文」だと分かる。これでも分かり
にくい，という人は，この部分を能動態に書き換えてみよう。

（We/They/You）<u>should dispense with</u> <u>talk</u>…
　　　　　　　　　　　　V　　　　　　　　O

　これでこの部分は「talk なしですます」という意味の完全な文だと分かる。つまり，It は仮主語だったのだ。

　さて，not rich in information の働きを決めてしまおう。先の図でも示した通り，not rich in information は文型に入らないので M である。あとは，「形容詞」になるかどうか，つまり前の talk という名詞にかかるかどうか考えればよい。「言葉で伝わるものが多くない会話」で意味が通るから，この部分は名詞にかかる，つまり形容詞である。

下線部全訳

「すると，言葉で伝わるものが多くない会話は，しない方がよいというのが論理的な結論である。」

(5) 　短い節だが訳すには少々工夫がいる。まず，whatever 節が名詞節（「～するもの（すべて）」と訳す），副詞節（「たとえ何～でも」と訳す）のいずれになるかを特定しよう。その際の手がかりは，もちろん直前の exchange が他動詞（S＋V＋O）であることである。exchange が目的語を要求しているのだから，当然 whatever 節は名詞節となる。

　次に whatever 節の内部に注目しよう。- ever がついていても，基本となる what の性質は同じだから，後ろは「不完全な文」でなくてはならない。

whatever <u>information</u> <u>is needed</u>
　　　　　　　　　？　　　　　　V
　　　　→**不完全な文**

　上の図を見ておそらく多くの諸君はなぜ information を S にしないのだろう，という疑問をもつに違いない。だが，information を S にしてしま

英文読解
6

うと完全な文ができてしまい，what の基本的な性質に反してしまう。そこで，あえて information を無視して考えているわけだ。

　すると，この information には役割がないことになるが，ではなぜ information という語が書かれているのだろうか。それを理解するには，次の原則を知っておかなくてはならない。

読解の原則 67

what，which，whatever，whichever の直後に役割のない無冠詞の名詞が続いたら，その名詞は what，which などと同格である。

　この原則をこの部分にあてはめれば，whatever = information ということになる。先に述べたようにこの節は名詞節だから，information を無視して訳せば「必要なもの」となるが，これでは「もの」が具体的に何であるかが分からない。そこで whatever = information を利用して「もの」＝「情報」と考えてやれば，この節は「必要な情報」と訳せることが分かる。

下線部全訳

「必要な情報（すべて）」

　この部分のように，直後に役割のない名詞をもつ what や which を一般の文法では「関係形容詞」と呼ぶ。だが，what や which を形容詞と呼んでみたところで，諸君は混乱こそすれ理解できることはほとんどないだろう。単純に同格で理解する方がよい。

(6)

…this doesn't work very well in business dealings with
  V

⎡ Greek ⎤
| Japanese |
| or |
⎣ Arab ⎦

colleagues for whom "small talk" is necessary
           V

       to establish the social relationship

that must provide the foundation for conducting business.
  V

 図の通り，動詞は３つだから接続詞・関係詞は２つ，for whom と that である。また，that の後ろは主語がないので that は関係代名詞。主節の動詞はもちろん doesn't work である。work の後ろには前置詞＋名詞が２つあるだけなのでこの work は自動詞。自動詞の work で主語が無生物の場合「うまくいく」という意味があるからこれを利用して訳す。

訳その１－主節の訳

「**これは，ギリシャ人や日本人，アラブ人相手の商取引ではうまく行かない**」

 主節 work の文型はすでに完成しているので，for whom…はもちろん前の Greek, Japanese, or Arab colleagues にかかる関係詞節である。そこで，〈読解の原則 62〉に注意しながら，for whom 以下を見てみよう。

"small talk" is necessary [to establish the social relationship]
 S   V C   M

 この節の動詞は is だから，S＋V＋C。その要素は上の通り necessary までで揃うので，to establish 以下は M。また，to establish の前には名詞

がいないので，to establish は形容詞にはなれない。つまりここは副詞となる。そこでこの不定詞の意味は〈読解の原則 50〉に従って「目的」と決める。なお，social の意味は後で考えることにする。

> **訳その 2 － 主節＋ for whom 節の訳**

「これは，social relationship を作るのに small talk を必要とするギリシャ人や日本人，アラブ人相手の商取引ではうまく行かない」

that が関係代名詞であることはすでに説明した通り。そこで，この節を訳して the social relationship にかけていこう。

that must provide the foundation for conducting business.
　　　 V　　　　　　　　　 O

動詞 provide には provide A for B という熟語的表現があるが，この場合「B に A を与える」という意味で，for B は副詞として働いている。ところが本文では，初めて出てきた名詞 foundation に the がついているので，for conducting business は形容詞として前にかけなくてはならない。従って，この provide は熟語を構成してはいないのである。

> **訳その 3 － 主節＋ for whom 節＋ that 節の訳**

「これは，取引をするための土台となる social relationship を作るのに small talk を必要とするギリシャ人や日本人，アラブ人相手の商取引ではうまく行かない」

では，最後に，this, small talk, social relationship の訳語を決定しよう。実はこの 3 つはお互いの関連の中で意味を決めると効率がよい。

最初に注目するのは代名詞の this である。これは，等位接続詞という文法情報を利用することで簡単に決定できる。文頭の But に注目。これは当然この文の主節と，前の文の主節とをつなぐものである。

Most Americans think…
         S   V

But

this doesn't work …
S   V

　形の上だけから考えると，一見なんの関係もない［S＋V］をつないで
いるように見える。だが，最初の文の動詞が think であることを念頭にお
き，次の文では does(n't) work となっていることを考慮すると，この両者
の間には，一定の関係があることが見えてくる。
　そもそも，**動詞に助動詞をつけないと，その動詞は「断定」の意味を持
つ**ことは明白である（助動詞の基本的な意味が「推量」であることを裏返
せば分かるはず。助動詞がつかないのだから「推量」ではない，つまり断
定となる）。
　一例を挙げよう。次の２つの英文を比べてみれば，今言ったことの意味
が分かるはずだ。

（ア）He can be a student.
（イ）He is a student.

（ア）の例文では，助動詞 can がついているので「彼はひょっとしたら
学生かも知れない」という推量になるが，（イ）の例文では，is に助動詞
がついていないので「彼は事実学生だ」という断定の意味になる。
　そこで，このことを doesn't work を考える際に考慮してみよう。する
と「現実には work しない」という意味になる。
　こういうことを考えたのは，But の前の文の述語動詞が think だからで
ある。
　つまり，前文では「アメリカ人の考え」を語り，But の後ではそれに対
して「事実」を語っているのだと考えれば，この２つの文が等位接続詞で

つながっている理由が分かってくる。しかも，But は逆接なのだから，こ
こから我々は「アメリカ人の考え」と「事実」が逆なのだと理解できる。「ア
メリカ人の考え」は前文の think の後に書かれている。その部分の意味は
「できるだけすぐに本題にはいるのがいちばんいい」であるから，this
doesn't work well 全体の意味はその反対，つまり，「すぐに本題に入るの
はよくない」になるはずだ。

　ところで，this doesn't work well の訳は「これはうまく行かない」であっ
たから，「すぐに本題に入るのはよくない」＝「これはうまく行かない」
とすれば，this，つまり「これ」が，「すぐ本題に入ること」であるのが
分かるだろう。

　では，次に small talk を考えよう。下線部の訳を点検してみると，「こ
れ（＝すぐに本題に入ること）は，small talk を必要とするギリシャ人や
日本人，アラブ人相手の商取引ではうまくいかない」だから，すぐ本題に
入ったのでは必要な small talk はできないことになる。つまり，「本題に
入る」ことは small talk とは反対のことなのである。そこで，small talk
の意味は，「本題に入る（＝内容のあることを話す）」の反対だから，「内
容のない会話」「意味のない世間話」という意味にすればよい。

　ところで，下線部の直前に small talk（social talk）という記述がある。
すなわち，small talk ＝ social talk というわけだ。だとすると，social を「社
会的」と訳すのはおかしいということが分かる。「意味のない会話」＝「社
会的な会話」ではいかにも妙である。そこで，social の別の意味を求めて
みよう。social dance は日本語にもなっている言葉だが，これは「社交ダ
ンス」であって「社会ダンス」ではもちろんない。

　つまり，social には「社交的な」という意味があるのだ。この social を
そのまま social relationship の意味に当てはめてみよう。するとこの表現
は決して「社会関係」などではなく，「社交的関係」になるはずである。
「社交的」とは「人とつき合う上での」という意味だから，それをくみ取
ればこの social relationship はむしろ「人間関係」と訳すと分かりやすく
なる。

訳その４－下線部全訳

「この，すぐに本題に入るというやり方は，取引をするための土台となる人間関係を作るのに意味のない世間話を必要とするギリシャ人や日本人，アラブ人相手の商取引ではうまくいかない」

最後に問６（ｂ）の選択肢を判別しておこう。

（ア）

It <u>was</u> necessary [to make clear
S V   C   V   C

[what <u>was</u> the core of the problem]].
O

主節は最初の was で S = It，C = necessary。だが，It の内容が分からないので，これを仮主語とみて，本当の主語は to make 以下。つまり，この不定詞は名詞になる。なお，不定詞内部の動詞 make の文型は分かっただろうか。what 節は必ず名詞節だということと，名詞にかからない形容詞は必ず C になるということを考慮すれば，この make は S ＋ V ＋ O ＋ C だと分かる。O と C の語順が入れ替わっているのは，長いものをより後ろに置くという英語の基本的な性質のせいである。「問題の核心が何かがはっきりしている状態を作る」が直訳だから，「問題の核心をはっきりさせる」でよい。「問題の核心をはっきりさせることが必要であった」

（イ）

He has no one [to make friends with].
S V   O   M

主節の動詞 has の文型から，この不定詞は M である。ここで注目するべきは，不定詞の内部の with の目的語がなく，不完全な形になっている

ということである。不定詞自身が不完全な形になるのは次の場合に限る。

読解の原則 **68**

不完全な形の不定詞は次のどれかである。
  ①名詞＋ to V（不完全）→不定詞は形容詞用法で前の名詞にかかる
  ②S ＋〈be〉＋形容詞＋ to V（不完全）→不定詞は副詞用法で「S は V するには〜だ」と訳す
  ③その不定詞が what, which など後ろが不完全な文になるべき場所にある場合，不定詞が不完全なのではなく，what, which などのせいで不完全になっていることがある。その場合，①②は適用してはいけない

　この文は③ではないから，①か②のどちらかが答えになる。この場合，直前の単語が no one という名詞だから，①で形容詞用法。「彼には友達になってくれる人がいない」

　少し脱線するが，②と③の例文も挙げておこう。

② This book is easy to read.「この本は読みやすい」

　この形式の場合，不定詞（この場合 to read ）の目的語は全体の主語（この場合 This book）である。これも，この形の特徴なので覚えておくこと。

③ Is this the theory which you wanted to prove?
「これが君が証明したかった理論なのか」

　この文では prove の目的語はないが，それは which の後ろが不完全だからで，この不定詞自体は want の目的語となる名詞用法である。

(ウ)

We stepped aside ［for her to pass］.
S   V   M   M

  step は自動詞で S + V 文型なでの不定詞は M である。直前の aside は副詞だから，不定詞は形容詞用法にはならない。副詞用法の中では，「目的」で訳すのがよいだろう。「彼女が通れるように，我々はわきにどいた」

  なお，この不定詞の始まりは for からである。不定詞というと to V のイメージが強すぎるのだが，不定詞にも意味上の主語がある場合があって，それは for ＋名詞の形で書くのである。

読解の原則 69

不定詞の意味上の主語は for ～ to V の形で書く。この場合，不定詞の始まりは for である。また，当然「～が V する」と訳す。for ～ を「～にとって」と訳してはいけない。

(エ)

We were surprised ［to know what he had done］.
S   V   C   M

  主節の文型は surprised で終わるから，不定詞は M。surprised は名詞ではないからこの不定詞は副詞用法。直前の surprised は「感情」だから，〈読解の原則 50〉によれば，この不定詞は「感情の原因」になる。「彼が何をしたかを知って我々は驚いた」

(オ)

It took me two days to read …
S V   O   O

このtakeは見た通り，S＋V＋O₁＋O₂文型である。このtakeは「S
にはO₂がかかる・必要だ」という表現で，しかも主語には仮主語がくる
ことが多い。この場合も，to read以下はItに対する本当の主語で名詞用
法である。「その本を読破するのに2日かかった」がこの文の訳だが，こ
の訳から不定詞の用法を考えると間違えてしまうので注意。たしかに日本
語では「読破するのに」と「目的」に近い訳語が与えられるが，それはあ
くまで日本語にするための便宜に過ぎない。英語の構文としては先に述べ
たように名詞用法なのである。これまでも何度か言ってきたことだが，訳
語から英文法を考えるのは危険だからやめるべきである。

全訳

　集団の価値観は，個人の価値観の中に反映されている。多くのアメリカ人，中でも男性は（女性にもいるが），自立の必要性を強調して助け合いの必要性をあまり強調しない。このため，どうしても会話の中の言葉を超えたレベル，つまり人間関係に触れるレベルを軽視し，言葉で伝わる部分に注目することが多くなる。その態度は，言葉で伝わる部分だけが重要なのだ，あるいは，その部分だけしか存在しないのだという確信にまでなることがある。すると，内容の薄い会話は，しない方がよいというのが論理的な結論である。だから，子供が親に電話をすると，父親は必要なことがらだけを話して電話を切るのに対し，母親の方は，子供との関係を保つために，おしゃべりをしたがるのである。

　アメリカ人男性の，内容重視の会話の仕方は，アメリカ的なビジネスのやり方の特徴ともなっている。たいていのアメリカ人は，できるだけ速やかに本題に入って，つまらぬ無駄話や遠回しのさぐり合いに時間を浪費しないのが最善であると思っている。だが，すぐに本題に入るというやり方は，取引をするための土台となる人間関係を作るのに意味のない世間話を必要とするギリシャ人や日本人，アラブ人相手の商取引ではうまくいかないのである。

問の解答

問1 (a) less emphasis on

問2 (a)（イ）(b)（ウ）

問3 (a)（イ）(b)（ウ）

問4 (a)（エ）(b) talk

問5 (a) 名詞節，exchange の目的語

問6 (a) できるだけすぐ本題に入ること (b)（ウ）(c)（ウ）

　　　 (d) 内容のない会話

読解の原則・索引

*頁数が太字のものは上巻,細字のものは下巻を表します。

読解の原則 1　　　27

英文は,まずピリオドまで目を通してから読解作業にかかること。決して一部だけで何かを考えてはいけない。

読解の原則 2　　　28

英文を一読する際,
　①等位接続詞を発見しておく
　②動詞（不定詞・動名詞・分詞を除く）の数を数えておく
という2つの作業をする。

読解の原則 3　　　28

等位接続詞の前後には,文法上同じ働きをするものがくる。それを発見するためには以下の手順を踏む。
　①等位接続詞の後ろの形を確認する
　②前でそれと同じ形を探す
　③同じ形になっているもの同士を並列に書き並べる

読解の原則 4　　　29

文の主節＝前に接続詞・関係詞を持たないS＋V。

読解の原則 5　　　29

文中の動詞の数－1＝その文中の接続詞・関係詞の数。

読解の原則 6　　　30

接続詞を見つけたらカッコを開け。

読解の原則 7　　　30

節の終わりは,始まりから数えて2つめの動詞よりも前。

読解の原則 8　　　31

主節の文型を考えるとき,句や従属節の中身は無視し,1つのまとまりとしておく。

読解の原則 9　　　32

英文を和訳する場合,訳は必ず主節の要素から組み立てる。

読解の原則 10　　　32

はじめて出てくる名詞につく the を「予告の the」といい,その名詞には後ろから説明がかからなくてはならない。

読解の原則 *11* 　　34

文意を決めるには，まず文法的判断を全てに優先する。文脈的判断は最後の手段と心得よ。

読解の原則 *12* 　　35

冠詞は名詞の先頭に立って名詞の範囲を特定する。従って，
　①冠詞と名詞にはさまれたものは形容詞として名詞にかかる
　②冠詞より前にあるものは名詞にはかかれない

読解の原則 *13* 　　36

that の分類　that の後ろが完全な文→接続詞
　　　　　　that の後ろが不完全な文→関係代名詞

読解の原則 *14* 　　39

同じ形の反復があると２回目以降には一部省略がありうる。

読解の原則 *15* 　　41

文中に comma が２つあったら，そのあいだをとばして前後をつなげてみる。うまくつながったら，comma にはさまれた部分は挿入である。

読解の原則 *16* 　　42

挿入は直前のことの注釈である。文法的には「前と同格」あるいは「全体で副詞」と考えるとよい。

読解の原則 *17* 　　43

as の分類　as の後ろが完全な文→ as は「時」「理由」
　　　　　　as の後ろが不完全な文→ as は「様態」
※ただし，as の前後に同じ形の反復がある場合は，後ろが完全であっても「様態」になる。

読解の原則 *18* 　　45

文中のあるまとまりの中に準動詞（不定詞・動名詞・分詞）がある場合，その準動詞を中心に前後をまとめてみる。

読解の原則 *19* 　　45

所有格は，主格・目的格にも訳せる。特に，動名詞の前の所有格は，動名詞の意味上の主語になる。

読解の原則 *20* 　　46

Ｓ＋Ｖ＋Ｃ文型では，必ずＳ＝Ｃが成り立つ。また，Ｓ＋Ｖ＋Ｏ文型ではＳ≠Ｏ

索引

になる。

読解の原則 21　48

S＋V＋O＋C文型のOとCの間には必ずS→P（主語→述語）の関係がある。

読解の原則 22　56

論理接続の副詞は，文のどこに書かれていても，必ず文頭へ移して訳さなくては
ならない。

読解の原則 23　58

節の役割は，接続詞ごとにある程度決まっている。各接続詞が導く節の役割（名詞・
形容詞・副詞）を覚えよう。

読解の原則 24　59

what で始まる節の特徴は，
　　①節全体は必ず名詞として働く（名詞節）
　　② what の後ろは必ず不完全な文
　　③「何〜か」「〜するもの」が訳の基本

読解の原則 25　64

英語の名詞を和訳する場合には，必要に応じて述語表現（動詞・形容詞など）に
なおしてよい。

読解の原則 26　64

[not ＋強い形容詞・副詞] は部分否定である。その場合，「〜というわけではない」
という訳を基本とする。

読解の原則 27　66

not は自分より後ろしか否定しない。前にある単語には，（all, both などの例外
を除き）影響を及ぼさない。

読解の原則 28　74

what/which/who(whom/whose) で始まる節は必ず不完全な文。また，関係代
名詞の that, 様態の as の後ろも不完全。

読解の原則 29　77

形容詞の働きは２つ。
　　①前，あるいは後ろの名詞にかかる
　　②動詞の C になる

読解の原則 30　77

動詞の意味は，後続の語句の用法から文型を判断することによって決まる。

| 読解の原則 *31* | 80 |

so ～ that 構文の特徴：
　① that は接続詞
　② that 節は副詞でM
　③「…するほど～」と訳す

| 読解の原則 *32* | 81 |

省略があることがはっきりしている場合，その直前にある語と意味上「同類」に
なる言葉を探す。

| 読解の原則 *33* | 84 |

同じ形の反復で対応する位置にある語句は，互いに対応する意味をもつ。

| 読解の原則 *34* | 85 |

副詞節の that 節には４つの可能性がある。
　① so(such) ～ that 構文
　②感情の原因 ┐
　③判断の根拠 ┘←直前に「感情」「判断」
　④目的（so that という接続詞の so が省略されたもの）

索
引

| 読解の原則 *35* | 87 |

Ving・Vp.p の副詞的用法を分詞構文という。その意味は①時 ②理由 ③条件 ④譲
歩 ⑤付帯状況 のいずれかである。

| 読解の原則 *36* | 96 |

文中の接続詞が不足しているように見える場合，以下の５つの可能性を考える。
　①等位接続詞が２つの［S＋V］をつないでいる
　②関係代名詞の省略がある
　③関係副詞の省略がある
　④思考・発言の動詞の直後に接続詞の that の省略がある
　⑤ the moment, immediately, once, everytime などが接続詞である

| 読解の原則 *37* | 98 |

関係代名詞の省略は次の３つの条件によって見つける。
　①名詞が２つ並ぶ
　②２つめの名詞が次の動詞の主語
　③動詞以下の部分の目的語がない「不完全な文」

| 読解の原則 *38* | 98 |

関係副詞の省略は次の４つの条件によって見つける。

①名詞が２つ並ぶ
②２つめの名詞が次の動詞の主語
③動詞以下の部分が「完全な文」
④１つめの名詞が「場所」「時」を表すか，「理由 (reason)」

読解の原則39　100

全ての英文において，主節の主語よりも前は全体で必ず「副詞」になる。（例外は〈読解の原則41〉参照）

読解の原則40　102

主節は必ず完全な文である。必要な要素は必ずすべて揃っている。

読解の原則41　102

主節の動詞の後ろが不完全に見える場合，必要な要素は主語よりも前にある。その場合，〈読解の原則39〉は適用されない。

読解の原則42　103

前置詞 as の基本的な意味はイコールである。A as B という形においては「AはBだ」と解釈するのが正しい。

読解の原則43　105

意味上，動詞になれる名詞を日本語訳する場合，その名詞の動詞形が取る文型を考え，それと同じ関係になる語句を探す。

読解の原則44　105

A of B という形で of の前後に名詞がある場合，次の方法で of の意味を特定できる。
①名詞Aが動詞化できる場合，「BがAする」「Bを（に）Aする」のいずれかで訳す
②名詞Bが動詞化できる場合，「BというA」と訳す

読解の原則45　109

要求・主張・提案の内容（「〜しよう」「〜すべきだ」という内容）を that 節で表すとき，その節の動詞には should がつくか，あるいは動詞そのものを原形にしなくてはならない。

読解の原則46　111

挿入部分が接続詞を含まない［S＋V］だけでできている場合，その［S＋V］が全体の主節である。［S＋V］の部分を文頭に移動し，その末尾に接続詞の that を補うと分かりやすい。

読解の原則 47　112

目的語に that 節をとる動詞はすべて，思考・発言を示す。「考える」「言う」を訳の基本にすればよい。

読解の原則 48　113

継続用法（前に comma を打つ用法）の関係代名詞は，省略することができない。

読解の原則 49　114

名詞＋ Ving には次の3つの可能性がある。
　① Ving が前の名詞にかかって「～している名詞」
　② Ving が動名詞で前の名詞は意味上の主語
　　「名詞が～すること」
　③ Ving が分詞構文で，前の名詞は意味上の主語
※このうち，①と②はその部分全体が名詞として働き，③はその部分全体は副詞になる。

読解の原則 50　117

不定詞副詞用法の意味は次の5つである。
　①目的 ②感情の原因 ③判断の根拠 ④条件 ⑤結果
※1：他に「程度」を表すものもあるが，それは too ～ to V，～ enough to V という形になる。
※2：感情の原因・判断の根拠の意味になるためには，直前の述語が「感情」「判断」を表すものであることが必要。
※3：文頭にある場合，意味は「目的」「条件」に限る。

読解の原則 51　122

受動態は，元の（能動態の）動詞の目的語を主語の位置に移し変えたものである。

読解の原則 52　125

全ての名詞は次のいずれかの働きをしていなくてはならない。
　①動詞の主語（S）　　②動詞の目的語（O）
　③動詞の補語（C）　　④前置詞の目的語

読解の原則 53　126

受動態の性質：
　①主語に来るのは能動態の動詞の目的語
　②能動態の時に比べて目的語が1つ少ない
　③動詞（受動態の過去分詞）の意味は能動態の場合の文型によって決まる
　④動詞（受動態の過去分詞）の文型を考える場合，目的語を1つ足してやる

読解の原則 54　127

助動詞の過去形があったら，まず仮定法を疑う。仮定法は，現実と反対のことを仮定し，現実と食い違う結論を導く時に使われる。

読解の原則 55　128

仮定法の文の中に時制が違う（現実に近い方にずれている）動詞があったら，その部分は「現実」を表している。

読解の原則 56　139

how の性質は次の通り。
① how で始まる節は必ず名詞節
② how の後ろの形によって how は訳し方が違う
（ア）how ＋形容詞・副詞＋［S＋V］の場合は「どれほど〜［S＋V］か」
（イ）how ＋［S＋V］の場合は「どのように・どうやって［S＋V］か」
③ how ＋形容詞・副詞の場合，how の後ろにある形容詞・副詞の本来の位置はもっと後ろにある

読解の原則 57　144

what 節は普通「何〜か」「〜するもの」と訳すが，「何」は文脈上矛盾のない範囲でどのような疑問詞の訳にでも変えられる。また「もの」も他の名詞におきかえて訳してよい。

読解の原則 58　147

comma はその「直前の一語」と「直後の一語」が直接結びつかないことを示すだけの記号である。comma の前後で文が大きく切れるとは限らない。

読解の原則 59　147

M になる Ving/Vp.p の判別は意味上の主語によって行う。
①意味上の主語がかかる相手なら形容詞
②意味上の主語がその部分全体の主語なら副詞

読解の原則 60　151

準動詞を not で否定する場合，語順は必ず not Ving, not to V の語順になる。

読解の原則 61　152

疑問詞＋ to 不定詞はひとまとまりになって句を作る。その性質は，
①全体で名詞の役割をする
②疑問詞の意味＋「〜したらよいか・すべきか」と訳す
③この句内部の文型は先頭の疑問詞の性質に従う

読解の原則 62　　155

前置詞＋関係代名詞節には次の性質がある。
　①後ろには「完全な文」がある
　②節の先頭にある前置詞は，節の末尾に移動しても同じである
　③前置詞＋関係代名詞自身には，特に訳は必要ない
　④前の名詞につなげる場合，「〜という」という言葉をはさむと日本語になりやすい

読解の原則 63　　159

Ving が名詞になる場合，「動名詞」と「ただの名詞」とがある。

名詞の種類	他動詞の場合，目的語を	冠詞
動名詞	とる	つかない
名詞	とらない	つく

読解の原則 64　　174

　S＋V＋Cの場合はS＝C，S＋V＋O＋Cの場合はO＝Cが「厳密に」成り立つ場合だけ名詞が補語になる。ここで言う「厳密に」とは，例えばS＋V＋Cの場合，Sが「人」ならCにくる語が「人」の場合だけ名詞でよい。それ以外の場合，Cには必ず形容詞をおく。

読解の原則 65　　177

数量を表す形容詞（many, much, all, few, little, some など）は，形容詞の性質を持ったままで名詞としても使える。

読解の原則 66　　181

It is 〈A〉 that…は，次の基準で判別する。
　① 〈A〉が形容詞→仮主語構文
　② 〈A〉が副詞→強調構文
　③ 〈A〉が名詞→ that 以下が完全な文なら仮主語構文
　　　　　　　　　that 以下が不完全な文なら強調構文
　④ 〈A〉が前置詞＋名詞→強調構文
ただし，前置詞＋名詞が of ＋抽象名詞なら仮主語構文

読解の原則 67　　184

what, which, whatever, whichever の直後に役割のない無冠詞の名詞が続いたら，その名詞は what, which などと同格である。

読解の原則 68　　190

不完全な形の不定詞は次のどれかである。
　①名詞＋ to V（不完全）→不定詞は形容詞用法で前の名詞にかかる
　②S＋〈be〉＋形容詞＋ to V（不完全）→不定詞は副詞用法で「Sは V する

には〜だ」と訳す

③その不定詞が what, which など後ろが不完全な文になるべき場所にある場合，不定詞が不完全なのではなく，what, which などのせいで不完全になっていることがある。その場合，①②は適用してはいけない

読解の原則 *69*   191

不定詞の意味上の主語は for 〜 to V の形で書く。この場合，不定詞の始まりは for である。また，当然「〜が V する」と訳す。for 〜を「〜にとって」と訳してはいけない。

読解の原則 *70*   11

比較構文では，比べる対象は文法上・意味上同類のもの同士でなくてはならない。このため，比較構文では多く「同じ形の反復」とそれに付随する現象が頻繁に起こる。

読解の原則 *71*   14

不定詞が to で始まるのは，to に「進むべき方向」を示す意味があるせいである。従って，to V の基本的な意味は，すべて「これから V する（方向に進む）」である。

読解の原則 *72*   18

be + to V は，次の基準で2つに分けて解釈する。

①S ＝ to V になる場合，to V は名詞用法で C となる

②S ≠ to V になる場合，〈be〉to を助動詞と考える。この場合の意味の取り方は，〈読解の原則 73〉に従う

読解の原則 *73*   19

助動詞 be to V の意味は，①可能 ②義務 ③予定 ④運命 ⑤意志 のいずれかである。ただし，「意志」の意味になるのは条件節の場合のみである（条件節だからといって必ずしも「意志」とは限らないが）。

読解の原則 *74*   22

接続詞が2つ以上続いた場合，まず内側の（後から出てくる）接続詞の節を先に終わらせる。

読解の原則 *75*   24

接続詞の so には2通りの解釈がある。

①等位接続詞で「だから〜」

② so that の that が省略されたもので，「目的」

読解の原則 *76*   28

英語の情報の出方は，常に［核心→説明］の順で行われる。反対に日本語は常に［説明→核心］だから，常にこの違いを意識して英語を読まなくてはならない。特に，

英文を前から順に読んでいくと，説明不足でよく分からないことがある。その場合，説明は必ず後続の部分にあると考えて後ろのMをその分からない部分にかけてやるとよい。

読解の原則 77 34

英語の「感情」を表す動詞のほとんどは他動詞で，「感情を与える」が本来の意味である。そこで，次の基準で使い分けるとよい。
　①感情の原因となる出来事，事実，人物などが主語の場合→〈be〉Ving
　②感情を抱く人間が主語の場合→〈be〉Vp.p
　③例外的な一部の動詞（marvel, rejoice など）は自動詞で，「感情を抱く人間」を主語にする

読解の原則 78 37

未知の動詞の意味は，その後ろに続く語句の形から推定できる。それと同じ形を取る，他の（すでに知っている）動詞の意味と同じ種類の意味になるからである。

読解の原則 79 40

代名詞には形容詞をかけることはできない。例外は次の３つ。
　① one には前から形容詞をかけることができる
　② that(those) には，後ろからのみ形容詞をかけることができる
　③ he（主格に限る）には関係代名詞をかけることができる。ただしこの場合，he は代名詞ではなく，名詞で「人（＝ a man）」という意味である

読解の原則 80 42

dash と colon（：）の働きはほぼ同じである。ともに後ろが前の部分の中のある一部の説明や具体例となっている。また，dash や colon によって説明すべき部分は，そこだけでは内容が分かりにくい部分である。

読解の原則 81 43

同じ形が反復されている場合，前後に同じ形式の語句があれば，その２つはほぼ同じ意味になる。

読解の原則 82 52

Ｓ＋Ｖ＋Ｏ＋Ｃ文型の意味は，動詞の種類によって２つに分類できる。
　①思考・知覚・発言の動詞：直訳できる。「ＯがＣだと思う・知覚する・言う」
　②その他の動詞：動詞の意味を→（右に向かう矢印）と考え，Ｓ＝原因，Ｏ＋Ｃ＝結果と考える。「ＳのせいでＯはＣになる」

読解の原則 83 53

役割のない名詞の解決法は次の２つ。
　①前の名詞と同格
　② being を補って分詞構文を作る

204

※ただし、②は最後の手段と心得よ。

読解の原則 *84*　　　　　　　　　　　　　　　　　　　　　　　　　　55

with＋名詞＋@ の形で名詞と @ の間にＳ→Ｐの関係がある場合，with は付帯状況を示す。また，この形の場合，@ には Ving，Vp.p，形容詞，場所を示す副詞がくる。

読解の原則 *85*　　　　　　　　　　　　　　　　　　　　　　　　　　62

仮定法の条件は，「現実にはありえないもの」「現実と反対のもの」である。そこで，次の方法で条件を探すとよい。
　　①「現実にありえないもの」が書かれていれば「もしそれがあれば」とする
　　②仮定法の前後に書かれている「現実」に注目し，その肯定・否定を入れ換えて条件にする。例えば，「Ａである」という現実が書いてある場合，「もしＡでなければ」を条件とする
　　（※「現実」が書かれている部分を見つけるには〈読解の原則 55〉を利用する）
　　③結論の部分をそのまま条件として利用する。その場合，「もし（たとえ）Ａしようとすれば（しても）Ａできる（できない）だろう」と訳す

読解の原則 *86*　　　　　　　　　　　　　　　　　　　　　　　　　　64

疑問文と反語の判別は次の基準で行う。
　　①直後に答えを示す文があれば「疑問」
　　②直後に答えがない場合は「反語」

読解の原則 *87*　　　　　　　　　　　　　　　　　　　　　　　　　　66

should have Vp.p の意味の可能性は４つある。
　　①仮定法過去完了の結論。この場合，should はあくまでも shall の過去形であり，「～べきだ・はずだ」ではなく「～だろう」と訳す
　　②助動詞 should ＋ have Vp.p で「～したはずだ」と訳す。この場合，have Vp.p は過去の代用として使われている
　　③「意外・当然」の should ＋過去を示す have Vp.p。この場合 should は訳さない
　　④ should have Vp.p が熟語で「～すべきだったのに（しなかった）」と訳す

読解の原則 *88*　　　　　　　　　　　　　　　　　　　　　　　　　　68

未知の単語の意味を決める主な方法は３つある。
　　①単語そのものをいくつかに分け，それぞれの部分の意味を考えることで単語の意味を合成する
　　（ex：predict ＝ pre ＋ dict：pre ＝予め，dict ＝言う→予言する）
　　②その語が動詞の場合，後ろに続く語句の形から，それと同じ形をとる別の動詞の意味を考える〈読解の原則 78〉
　　③その単語を含む部分と同じ形をした部分を文章の中から探し，その中で対応する語（句）の意味を充てる〈読解の原則 81〉

読解の原則 89　　　93

継続用法の関係詞の主な論理関係は 3 種類である。そこで，例えば A, which B の場合，次の中から訳を選ぶ。
　①AそしてB
　②AだがB
　③A，というのはBだから

読解の原則 90　　　94

文中の接続詞が 1 つ不足し，しかも what や関係代名詞の後に「人などが考える・言う」という意味の［S＋V］があり，その直後に別のVが続いたら，「人が考える・言う」という部分はいったんとばして前後をつなげる。
what ＋「人が考える・言う」＋ V…

読解の原則 91　　　97

セミコロンの論理関係は 5 つに大別される。
A ; Bの場合
　①AだからB
　②AだがB
　③A，というのはBだから
　④AつまりB
　⑤AまたはB

読解の原則 92　　　108

nor ＝ not ＋ or である。そこで，not と or から生じる次の性質を持っている。
　①等位接続詞 or の性質から，前後に同じ形の反復がある。そのため，nor の後の部分では，一部省略がある場合がある
　② not が否定の副詞であることから，nor の後にS＋Vがある場合，そこは必ず倒置になっている〈読解の原則 93〉

読解の原則 93　　　108

否定の副詞が文や節の先頭にあると，主節（その部分の中心の節）は自動的に倒置になる。

読解の原則 94　　　121

Mであることが分かっている部分の役割を考える場合，その中にある準動詞（toV/Ving/Vp.p）に焦点を当てて考える。

読解の原則 95　　　121

ある部分が形容詞で前の名詞にかかる場合，その部分の先頭にある語は形容詞であるか，形容詞の働きをできる語句に限る。

索
引

読解の原則 96　　121

分詞構文である Ving，Vp.p の前に役割の決まっていない名詞があったら，それは分詞構文の意味上の主語である。

読解の原則 97　　145

what など，後ろが不完全になる接続詞・関係詞の後に have to V という表現が続いている場合，解釈には 2 つの可能性がある。
　　① have to が熟語で「ねばならない」という意味を作る
　　② have to は熟語ではなく，to V は形容詞用法で，「できる」「したい」という意味を作る

読解の原則 98　　146

不定詞が形容詞用法になる場合，不定詞になっている動詞とかかる相手の名詞の間には，3 つの関係のいずれかがなくてはならない。
　　①S→Pの関係
　　②O←Vの関係（この場合，不定詞の動詞の後は不完全な文）
　　③同格の関係

読解の原則 99　　149

同じ形の反復が comma だけで並んでいる場合，前後のものは同格の関係にある。つまり，前後の内容はほぼ同じことである。

読解の原則 100　　152

不定詞の形容詞用法の中には，かかる相手の名詞を別の品詞に変えた場合，その語が不定詞を導く性質をもっているものがある。そのような不定詞の場合，必ず前の名詞とともに述語的に訳すことを心がける。決して「〜ための」と訳してはならない。

207

読解の原則・項目索引

*頁数が太字のものは上巻,細字のものは下巻を表します。

A 読解の前提となる原則

読解の原則 1　　　　　　　　　　　　　　　　　　　　　　　　　　**27**

英文は,まずピリオドまで目を通してから読解作業にかかること。決して一部だ
けで何かを考えてはいけない。

読解の原則 2　　　　　　　　　　　　　　　　　　　　　　　　　　**28**

英文を一読する際,
　①等位接続詞を発見しておく
　②動詞（不定詞・動名詞・分詞を除く）の数を数えておく
という2つの作業をする。

読解の原則 4　　　　　　　　　　　　　　　　　　　　　　　　　　**29**

文の主節＝前に接続詞・関係詞を持たないS＋V。

読解の原則 9　　　　　　　　　　　　　　　　　　　　　　　　　　**32**

英文を和訳する場合,訳は必ず主節の要素から組み立てる。

読解の原則 11　　　　　　　　　　　　　　　　　　　　　　　　　**34**

文意を決めるには,まず文法的判断を全てに優先する。文脈的判断は最後の手段
と心得よ。

読解の原則 22　　　　　　　　　　　　　　　　　　　　　　　　　**56**

論理接続の副詞は,文のどこに書かれていても,必ず文頭へ移して訳さなくては
ならない。

読解の原則 25　　　　　　　　　　　　　　　　　　　　　　　　　**64**

英語の名詞を和訳する場合には,必要に応じて述語表現（動詞・形容詞など）に
なおしてよい。

読解の原則 30　　　　　　　　　　　　　　　　　　　　　　　　　**77**

動詞の意味は,後続の語句の用法から文型を判断することによって決まる。

読解の原則 43　　　　　　　　　　　　　　　　　　　　　　　　　**105**

意味上,動詞になれる名詞を日本語訳する場合,その名詞の動詞形が取る文型を
考え,それと同じ関係になる語句を探す。

索
引

読解の原則 *88* 68

未知の単語の意味を決める主な方法は3つある。
　①単語そのものをいくつかに分け，それぞれの部分の意味を考えることで単語
　　の意味を合成する
　（ex：predict ＝ pre ＋ dict：pre ＝予め，dict ＝言う→予言する）
　②その語が動詞の場合，後ろに続く語句の形から，それと同じ形をとる別の動
　　詞の意味を考える〈読解の原則78〉
　③その単語を含む部分と同じ形をした部分を文章の中から探し，その中で対応
　　する語（句）の意味を充てる〈読解の原則81〉

読解の原則 *76* 28

英語の情報の出方は，常に［核心→説明］の順で行われる。反対に日本語は常に［説明→核心］だから，常にこの違いを意識して英語を読まなくてはならない。特に，英文を前から順に読んでいくと，説明不足でよく分からないことがある。その場合，説明は必ず後続の部分にあると考えて後ろのMをその分からない部分にかけてやるとよい。

読解の原則 *86* 64

疑問文と反語の判別は次の基準で行う。
　①直後に答えを示す文があれば「疑問」
　②直後に答えがない場合は「反語」

B 文型を読み取るための原則

読解の原則 *8* 31
主節の文型を考えるとき，句や従属節の中身は無視し，1つのまとまりとしておく。

読解の原則 *20* 46
S＋V＋C文型では，必ずS＝Cが成り立つ。また，S＋V＋O文型ではS≠Oになる。

読解の原則 *21* 48
S＋V＋O＋C文型のOとCの間には必ずS→P（主語→述語）の関係がある。

読解の原則 *82* 52
S＋V＋O＋C文型の意味は，動詞の種類によって2つに分類できる。
　①思考・知覚・発言の動詞：直訳できる。「OがCだと思う・知覚する・言う」
　②その他の動詞：動詞の意味を→（右に向かう矢印）と考え，S＝原因，O＋
　　C＝結果と考える。「SのせいでOはCになる」

| 読解の原則 **52** | 125 |

全ての名詞は次のいずれかの働きをしていなくてはならない。
- ①動詞の主語（S）　②動詞の目的語（O）
- ③動詞の補語（C）　④前置詞の目的語

| 読解の原則 **83** | 53 |

役割のない名詞の解決法は次の２つ。
- ①前の名詞と同格
- ② being を補って分詞構文を作る

※ただし，②は最後の手段と心得よ。

| 読解の原則 **29** | 77 |

形容詞の働きは２つ。
- ①前，あるいは後ろの名詞にかかる
- ②動詞のＣになる

| 読解の原則 **39** | 100 |

全ての英文において，主節の主語よりも前は全体で必ず「副詞」になる。（例外は〈読解の原則 41〉参照）

| 読解の原則 **40** | 102 |

主節は必ず完全な文である。必要な要素は必ずすべて揃っている。

| 読解の原則 **41** | 102 |

主節の動詞の後ろが不完全に見える場合，必要な要素は主語よりも前にある。その場合，〈読解の原則 39〉は適用されない。

| 読解の原則 **46** | 111 |

挿入部分が接続詞を含まない［Ｓ＋Ｖ］だけでできている場合，その［Ｓ＋Ｖ］が全体の主節である。［Ｓ＋Ｖ］の部分を文頭に移動し，その末尾に接続詞の that を補うと分かりやすい。

| 読解の原則 **47** | 112 |

目的語に that 節をとる動詞はすべて，思考・発言を示す。「考える」「言う」を訳の基本にすればよい。

| 読解の原則 **64** | 174 |

Ｓ＋Ｖ＋Ｃの場合はＳ＝Ｃ，Ｓ＋Ｖ＋Ｏ＋Ｃの場合はＯ＝Ｃが「厳密に」成り立つ場合だけ名詞が補語になる。ここで言う「厳密に」とは，例えばＳ＋Ｖ＋Ｃの場合，Ｓが「人」ならＣにくる語が「人」の場合だけ名詞でよい。それ以外の場合，Ｃには必ず形容詞をおく。

読解の原則 65　177

数量を表す形容詞（many, much, all, few, little, some など）は，形容詞の性質を持ったままで名詞としても使える。

読解の原則 77　34

英語の「感情」を表す動詞のほとんどは他動詞で「感情を与える」が本来の意味である。そこで，次の基準で使い分けるとよい。
　　①感情の原因となる出来事，事実，人物などが主語の場合→〈be〉Ving
　　②感情を抱く人間が主語の場合→〈be〉Vp.p
　　③例外的な一部の動詞（marvel, rejoice など）は自動詞で「感情を抱く人間」
　　　を主語にする

読解の原則 78　37

未知の動詞の意味は，その後ろに続く語句の形から推定できる。それと同じ形を取る，他の（すでに知っている）動詞の意味と同じ種類の意味になるからである。

読解の原則 94　121

M であることが分かっている部分の役割を考える場合，その中にある準動詞（to V/Ving/Vp.p）に焦点を当てて考える。

読解の原則 95　121

ある部分が形容詞で前の名詞にかかる場合，その部分の先頭にある語は形容詞であるか，形容詞の働きをできる語句に限る。

C 準動詞に関する原則

読解の原則 18　45

文中のあるまとまりの中に準動詞（不定詞 ・動名詞・分詞）がある場合，その準動詞を中心に前後をまとめてみる。

読解の原則 35　87

Ving・Vp.p の副詞的用法を分詞構文という。その意味は①時 ②理由 ③条件 ④譲歩 ⑤付帯状況 のいずれかである。

読解の原則 49　114

名詞＋ Ving には次の３つの可能性がある。
　　① Ving が前の名詞にかかって「～している名詞」
　　② Ving が動名詞で前の名詞は意味上の主語
　　　「名詞が～すること」
　　③ Ving が分詞構文で，前の名詞は意味上の主語
※このうち，①と②はその部分全体が名詞として働き，③はその部分全体は副詞

になる。

読解の原則 *98* 146

不定詞が形容詞用法になる場合，不定詞になっている動詞とかかる相手の名詞の間には，３つの関係のいずれかがなくてはならない。
 ①S→Pの関係
 ②O←Vの関係（この場合，不定詞の動詞の後は不完全な文）
 ③同格の関係

読解の原則 *100* 152

不定詞の形容詞用法の中には，かかる相手の名詞を別の品詞に変えた場合，その語が不定詞を導く性質をもっているものがある。そのような不定詞の場合，必ず前の名詞とともに述語的に訳すことを心がける。決して「～ための」と訳してはならない。

読解の原則 *50* 117

不定詞副詞用法の意味は次の５つである。
 ①目的 ②感情の原因 ③判断の根拠 ④条件 ⑤結果
※１：他に「程度」を表すものもあるが，それは，too ～ toV，～ enough to V
という形になる。
※２：感情の原因・判断の根拠の意味になるためには，直前の述語が「感情」「判断」を表すものであることが必要。
※３：文頭にある場合，意味は「目的」「条件」に限る。

読解の原則 *59* 147

M になる Ving/Vp.p の判別は意味上の主語によって行う。
 ①意味上の主語がかかる相手なら形容詞
 ②意味上の主語がその部分全体の主語なら副詞

読解の原則 *60* 151

準動詞を not で否定する場合，語順は必ず not Ving, not to V の語順になる。

読解の原則 *61* 152

疑問詞＋ to 不定詞はひとまとまりになって句を作る。その性質は，
 ①全体で名詞の役割をする
 ②疑問詞の意味＋「～したらよいか・すべきか」と訳す
 ③この句内部の文型は先頭の疑問詞の性質に従う

索引

読解の原則 **63**		159

Ving が名詞になる場合，「動名詞」と「ただの名詞」とがある。

名詞の種類	他動詞の場合，目的語を	冠詞
動名詞	とる	つかない
名詞	とらない	つく

読解の原則 **67**	184

what, which, whatever, whichever の直後に役割のない無冠詞の名詞が続いたら，その名詞は which などと同格である。

読解の原則 **68**	190

不完全な形の不定詞は次のどれかである。

①名詞＋ to V（不完全）→不定詞は形容詞用法で前の名詞にかかる

②Ｓ＋〈be〉＋形容詞＋ to V（不完全）→不定詞は副詞用法で「ＳはＶするには〜だ」と訳す

③その不定詞が what, which など後ろが不完全な文になるべき場所にある場合，不定詞が不完全なのではなく，what, which などのせいで不完全になっていることがある。その場合，①②は適用してはいけない

読解の原則 **69**	191

不定詞の意味上の主語は for 〜 to V の形で書く。この場合，不定詞の始まりは for である。また，当然「〜がＶする」と訳す。for 〜を「〜にとって」と訳してはいけない。

読解の原則 **71**	14

不定詞が to で始まるのは，to に「進むべき方向」を示す意味があるせいである。従って, to V の基本的な意味は, すべて「これからＶする（方向に進む）」である。

読解の原則 **96**	121

分詞構文である Ving, Vp.p の前に役割の決まっていない名詞があったら，それは分詞構文の意味上の主語である。

D 接続詞・関係詞に関する原則

読解の原則 **5**	29

文中の動詞の数－１＝その文中の接続詞・関係詞の数。

読解の原則 **6**	30

接続詞を見つけたらカッコを開け。

読解の原則 **7**	30

節の終わりは，始まりから数えて2つめの動詞よりも前。

読解の原則 **13**	36

that の分類　that の後ろが完全な文→接続詞
　　　　　　that の後ろが不完全な文→関係代名詞

読解の原則 **17**	43

as の分類　as の後ろが完全な文→ as は「時」「理由」
　　　　　　as の後ろが不完全な文→ as は「様態」
※ただし，as の前後に同じ形の反復がある場合は，後ろが完全であっても「様態」になる。

読解の原則 **23**	58

節の役割は，接続詞ごとにある程度決まっている。各接続詞が導く節の役割（名詞・形容詞・副詞）を覚えよう。

読解の原則 **24**	59

what で始まる節の特徴は，
　①節全体は必ず名詞として働く（名詞節）
　② what の後ろは必ず不完全な文
　③「何〜か」「〜するもの」が訳の基本

読解の原則 **28**	74

what/which/who(whom/whose) で始まる節は必ず不完全な文。また，関係代名詞の that, 様態の as の後ろも不完全。

読解の原則 **97**	145

what など，後ろが不完全になる接続詞・関係詞の後に have to V という表現が続いている場合，解釈には2つの可能性がある。
　① have to が熟語で「ねばならない」という意味を作る
　② have to は熟語ではなく，to V は形容詞用法で，「できる」「したい」という意味を作る

読解の原則 **31**	80

so 〜 that 構文の特徴：
　① that は接続詞
　② that 節は副詞節でM
　③「…するほど〜」と訳す

読解の原則 **34**	85

副詞節の that 節には４つの可能性がある。
　①so（such）〜 that 構文
　②感情の原因 ┐
　③判断の根拠 ┘←直前に「感情」「判断」
　④目的（so that という接続詞の so が省略されたもの）

読解の原則 **36**	96

文中の接続詞が不足しているように見える場合，以下の５つの可能性を考える。
　①等位接続詞が２つの［S＋V］をつないでいる
　②関係代名詞の省略がある
　③関係副詞の省略がある
　④思考・発言の動詞の直後に接続詞の that の省略がある
　⑤ the moment, immediately, once, everytime などが接続詞である

読解の原則 **37**	98

関係代名詞の省略は次の３つの条件によって見つける。
　①名詞が２つ並ぶ
　②２つめの名詞が次の動詞の主語
　③動詞以下の部分の目的語がない「不完全な文」

読解の原則 **38**	98

関係副詞の省略は次の４つの条件によって見つける。
　①名詞が２つ並ぶ
　②２つめの名詞が次の動詞の主語
　③動詞以下の部分が「完全な文」
　④１つめの名詞が「場所」「時」を表すか，「理由（reason）」

読解の原則 **48**	113

継続用法（前に comma を打つ用法）の関係代名詞は，省略することができない。

読解の原則 **89**	93

継続用法の関係詞の主な論理関係は３種類である。そこで，例えば A, which B の場合，次の中から訳を選ぶ。
　①AそしてB
　②AだがB
　③A，というのはBだから

読解の原則 **90**	94

文中の接続詞が１つ不足し，しかも what や関係代名詞の後に「人などが考える・言う」という意味の［S＋V］があり，その直後に別の V が続いたら，「人が考

える・言う」という部分はいったんとばして前後をつなげる。

what ＋「人が考える・言う」＋ V…

読解の原則 56   139

how の性質は次の通り。

   ① how で始まる節は必ず名詞節

   ② how の後ろの形によって how は訳し方が違う

     （ア）how ＋形容詞・副詞＋［S＋V］の場合は「どれほど～［S＋V］か」

     （イ）how ＋［S＋V］の場合は「どのように・どうやって［S＋V］か」

   ③ how ＋形容詞・副詞の場合，how の後ろにある形容詞・副詞の本来の位置

    はもっと後ろにある

読解の原則 57   144

what 節は普通「何～か」「～するもの」と訳すが，「何」は文脈上矛盾のない範囲でどのような疑問詞の訳にでも変えられる。また「もの」も他の名詞におきかえて訳してよい。

読解の原則 62   155

前置詞＋関係代名詞節には次の性質がある。

   ①後ろには「完全な文」がある

   ②節の先頭にある前置詞は，節の末尾に移動しても同じである

   ③前置詞＋関係代名詞自身には，特に訳は必要ない

   ④前の名詞につなげる場合，「～という」という言葉をはさむと日本語になりやすい

読解の原則 74   22

接続詞が２つ以上続いた場合，まず内側の（後から出てくる）接続詞の節を先に終わらせる。

読解の原則 75   24

接続詞の so には２通りの解釈がある。

   ①等位接続詞で「だから～」

   ② so that の that が省略されたもので，「目的」

E 法・助動詞に関する原則

読解の原則 45   109

要求・主張・提案の内容（「～しよう」「～すべきだ」という内容）を that 節で表すとき，その節の動詞には should がつくか，あるいは動詞そのものを原形にしなくてはならない。

読解の原則 *54*　127

助動詞の過去形があったら，まず仮定法を疑う。仮定法は，現実と反対のことを仮定し，現実と食い違う結論を導く時に使われる。

読解の原則 *55*　128

仮定法の文の中に時制が違う（現在に近い方にずれている）動詞があったら，その部分は「現実」を表している。

読解の原則 *85*　62

仮定法の条件は，「現実にはありえないもの」「現実と反対のもの」である。そこで，次の方法で条件を探すとよい。
　①「現実にありえないもの」が書かれていれば「もしそれがあれば」とする
　②仮定法の前後に書かれている「現実」に注目し，その肯定・否定を入れ換えて条件にする。例えば，「Ａである」という現実が書いてある場合，「もしＡでなければ」を条件とする
　（※「現実」が書かれている部分を見つけるには〈読解の原則 55〉を利用する）
　③結論の部分をそのまま条件として利用する。その場合，「もし（たとえ）Ａしようとすれば（しても）Ａできる（できない）だろう」と訳す

読解の原則 *87*　66

should have Vp.p の意味の可能性は4つある。
　①仮定法過去完了の結論。この場合，should はあくまでも shall の過去形であり，「〜べきだ・はずだ」ではなく「〜だろう」と訳す
　②助動詞 should ＋ have Vp.p で「〜したはずだ」と訳す。この場合，have Vp.p は過去の代用として使われている
　③「意外・当然」の should ＋過去を示す have Vp.p。この場合 should は訳さない
　④ should have Vp.p が熟語で「〜すべきだったのに（しなかった）」と訳す

読解の原則 *72*　18

be ＋ to V は，次の基準で2つに分けて解釈する。
　① S ＝ to V になる場合，to V は名詞用法でCとなる
　② S ≠ to V になる場合，〈be〉to を助動詞と考える。この場合の意味の取り方は，〈読解の原則 73〉に従う

読解の原則 *73*　19

助動詞 be to V の意味は，①可能 ②義務 ③予定 ④運命 ⑤意志 のいずれかである。
ただし，「意志」の意味になるのは条件節の場合だけである（条件節だからといって必ずしも「意志」とは限らないが）。

F 態に関する原則

読解の原則 51 　　　　　　　　　　　　　　　　　　　　122

受動態は，元の（能動態の）動詞の目的語を主語の位置に移し変えたものである。

読解の原則 53 　　　　　　　　　　　　　　　　　　　　126

受動態の性質：
　　①主語に来るのは能動態の動詞の目的語
　　②能動態の時に比べて目的語が１つ少ない
　　③動詞（受動態の過去分詞）の意味は能動態の場合の文型によって決まる
　　④動詞（受動態の過去分詞）の文型を考える場合，目的語を１つ足してやる

G 同じ形の反復に関する原則

読解の原則 3 　　　　　　　　　　　　　　　　　　　　28

等位接続詞の前後には，文法上同じ働きをするものがくる。それを発見するためには以下の手順を踏む。
　　①等位接続詞の後ろの形を確認する
　　②前でそれと同じ形を探す
　　③同じ形になっているもの同士を並列に書き並べる

読解の原則 14 　　　　　　　　　　　　　　　　　　　　39

同じ形の反復があると２回目以降には一部省略がありうる。

読解の原則 32 　　　　　　　　　　　　　　　　　　　　81

省略があることがはっきりしている場合，その直前にある語と意味上「同類」になる言葉を探す。

読解の原則 33 　　　　　　　　　　　　　　　　　　　　84

同じ形の反復で対応する位置にある語句は，互いに対応する意味をもつ。

読解の原則 81 　　　　　　　　　　　　　　　　　　　　43

同じ形が反復されている場合，前後に同じ形式の語句があれば，その２つはほぼ同じ意味になる。

読解の原則 99 　　　　　　　　　　　　　　　　　　　　149

同じ形の反復が comma だけで並んでいる場合，前後のものは同格の関係にある。つまり，前後の内容はほぼ同じことである。

読解の原則 92 　　　　　　　　　　　　　　　　　　　　108

nor ＝ not ＋ or である。そこで，not と or から生じる次の性質を持っている。
　　①等位接続詞 or の性質から，前後に同じ形の反復がある。そのため，nor の後

の部分では，一部省略がある場合がある

② not が否定の副詞であることから，nor の後にＳ＋Ｖがある場合，そこは必ず倒置になっている〈読解の性質 93〉

H 否定に関する原則

読解の原則 26　　　　　　　　　　　　　　　　　　　　　64

［not ＋強い形容詞・副詞］は部分否定である。その場合，「～というわけではない」という訳を基本とする。

読解の原則 27　　　　　　　　　　　　　　　　　　　　　66

not は自分より後ろしか否定しない。前にある単語には，（all, both などの例外を除き）影響を及ぼさない。

I 比較に関する原則

読解の原則 70　　　　　　　　　　　　　　　　　　　　　11

比較構文では，比べる対象は文法上・意味上同類のもの同士でなくてはならない。このため，比較構文では多く「同じ形の反復」とそれに付随する現象が頻繁に起こる。

J 倒置に関する原則

読解の原則 93　　　　　　　　　　　　　　　　　　　　　108

否定の副詞が文や節の先頭にあると，主節（その部分の中心の節）は自動的に倒置になる。

K 冠詞・代名詞に関する原則

読解の原則 10　　　　　　　　　　　　　　　　　　　　　32

はじめて出てくる名詞につく the を「予告の the」といい，その名詞には後ろから説明がかからなくてはならない。

読解の原則 12　　　　　　　　　　　　　　　　　　　　　35

冠詞は名詞の先頭に立って名詞の範囲を特定する。従って，
　①冠詞と名詞にはさまれたものは形容詞として名詞にかかる
　②冠詞より前にあるものは名詞にはかかれない

読解の原則 19　　　　　　　　　　　　　　　　　　　　　45

所有格は，主格・目的格にも訳せる。特に，動名詞の前の所有格は，動名詞の意味上の主語になる。

読解の原則 *66*	181

It is〈A〉that…は，次の基準で判別する。
- ①〈A〉が形容詞→仮主語構文
- ②〈A〉が副詞→強調構文
- ③〈A〉が名詞→ that 以下が完全な文なら仮主語構文
  　　　　　　that 以下が不完全な文なら強調構文
- ④〈A〉が前置詞＋名詞→強調構文

ただし，前置詞＋名詞が of ＋抽象名詞なら仮主語構文

読解の原則 *79*	40

代名詞には形容詞をかけることはできない。例外は次の３つ。
- ① one には前から形容詞をかけることができる
- ② that（those）には，後ろからのみ形容詞をかけることができる
- ③ he（主格に限る）には関係代名詞をかけることができる。ただしこの場合，he は代名詞ではなく，名詞で「人（＝ a man）」という意味である

L 前置詞に関する原則

読解の原則 *42*	103

前置詞 as の基本的な意味はイコールである。A as B という形においては「AはBだ」と解釈するのが正しい。

読解の原則 *44*	105

A of B という形で of の前後に名詞がある場合，次の方法で of の意味を特定できる。
- ①名詞Aが動詞化できる場合，「BがAする」「Bを（に）Aする」のいずれかで訳す
- ②名詞Bが動詞化できる場合，「BというA」と訳す

読解の原則 *84*	55

with ＋名詞＋ @ の形で名詞と @ の間にS→Pの関係がある場合，with は付帯状況を示す。また，この形の場合，@ には Ving，Vp.p，形容詞，場所を示す副詞がくる。

M Punctuation Marks（文中に現れる記号）に関する原則

読解の原則 *58*	147

comma はその「直前の一語」と「直後の一語」が直接結びつかないことを示すだけの記号である。comma の前後で文が大きく切れるとは限らない。

索

引

| 読解の原則 **15** | 41 |

文中に comma が２つあったら，そのあいだをとばして前後をつなげてみる。うまくつながったら，comma にはさまれた部分は挿入である。

| 読解の原則 **16** | 42 |

挿入は直前のことの注釈である。文法的には「前と同格」あるいは「全体で副詞」と考えるとよい。

| 読解の原則 **80** | 42 |

dash と colon （：）の働きはほぼ同じである。ともに後ろが前の部分の中のある一部の説明や具体例となっている。また，dash や colon によって説明すべき部分は，そこだけでは内容が分かりにくい部分である。

| 読解の原則 **91** | 97 |

セミコロンの論理関係は５つに大別される。
Ａ；Ｂの場合
　①ＡだからＢ
　②ＡだがＢ
　③Ａ，というのはＢだから
　④ＡつまりＢ
　⑤ＡまたはＢ

富田 一彦（とみた　かずひこ）
1959年生まれ。東京大学文学部英語学英米文学専修課程修了。聖徳学園関東高校勤務の後、1986年より代々木ゼミナール講師。「英語は誰にでも完全に、正しく理解できるもの」という授業姿勢は、受験生の圧倒的な支持を得ている。

新版　富田の英文読解100の原則　上

1994年9月5日　　第1版第1刷発行
2009年4月20日　　新版　第1刷発行
2015年2月10日　　新版　第6刷発行

著　者 ————— 富田　一彦
発行者 ————— 佐藤　靖
発行所 ————— 大和書房
　　　　　　　　東京都文京区関口1-33-4
　　　　　　　　電話　03-3203-4511
　　　　　　　　振替　00160-9-64227

装幀 ————— 渡邊民人（TYPEFACE）
本文デザイン — 荒井雅美（TYPEFACE）

印刷 ————— シナノ
カバー印刷 —— 歩プロセス
製本所 ————— ナショナル製本

©2009 Kazuhiko Tomita, Printed in Japan
ISBN 978-4-479-19046-2
乱丁・落丁本はお取り替えします
http://www.daiwashobo.co.jp

――大和書房の好評既刊――

新装版　富田の[英語長文問題]
解法のルール144　上・下

富田一彦

超ロングセラーが帰ってきた!
2色使いで読みやすい、頭に入りやすい!
多くの受験生を救った受験の神様が教える英文読解の極意。

定価各(本体1300円+税)

大和書房の好評既刊

The Word Book
とみ単

富田一彦

The Word Book
とみ単

代々木ゼミナール講師
富田一彦

いかに
単語を
覚えないで
済ませるか?

Good job!

ついに完成!富田一彦の
「読む」英単語帳

☞ 知らない単語に遭遇しても慌てず対処できるようになる
☞ 語尾や位置から意味が推測できるようになる
☞ 英作文にも対応できる別冊例文集つき

大和書房
定価(本体1300円+税)

代ゼミの超人気講師が贈る、
今までに見たことのない単語帳。
本質を掘り下げて書かれているので
自然とガッチリ覚えられます。

定価(本体1300円+税)

――大和書房の好評既刊――

このノートで成績は必ず上がる!
受験・塾・定期テスト…実戦で勝てる!

後藤武士

使う色は2色! ノートは1冊固定!
授業中の板書方法を変えれば理解力がぐんとアップ。
「暗記ノート」や「過去問ノート」など、
誰にでもできる工夫、裏ワザも紹介!

1365円
定価は税込み(5%)です